国家社科基金
重大项目成果

对外汉语教学语法丛书

◎**总主编** 齐沪扬

定 语

郭晓麟 ◎主编 ｜ 吴春相 ◎著

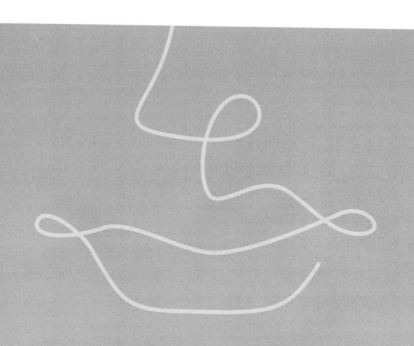

北京语言大学出版社
BEIJING LANGUAGE AND CULTURE
UNIVERSITY PRESS

©2024 北京语言大学出版社，社图号 24122

图书在版编目（CIP）数据

定语 / 郭晓麟主编；吴春相著. -- 北京 ： 北京语
言大学出版社， 2024. 6 --（对外汉语教学语法丛书 /
齐沪扬总主编）. -- ISBN 978-7-5619-6607-5

Ⅰ．H195.3

中国国家版本馆CIP数据核字第2024X2K187号

定 语
DINGYU

排版制作：华伦图文制作中心

责任印制：周 燚

出版发行　北京语言大学出版社

社　　址：北京市海淀区学院路 15 号，100083

网　　址：www.blcup.com

电子信箱：service@blcup.com

电　　话：编 辑 部　8610-82303395

　　　　　发 行 部　8610-82303650 / 3591 / 3648

　　　　　北语书店　8610-82303653

　　　　　网购咨询　8610-82303908

印　　刷：北京联兴盛业印刷股份有限公司

版　　次：2024 年 6 月第 1 版　　印　　次：2024 年 6 月第 1 次印刷

开　　本：710 毫米 × 1000 毫米　1 / 16　印　　张：12.75

字　　数：201 千字

定　　价：70.00 元

PRINTED IN CHINA

凡有印装质量问题，本社负责调换。售后 QQ 号 1367565611，电话 010-82303590

总　序

　　摆在读者面前的，是国家社科基金重大项目"对外汉语教学语法大纲研制和教学参考语法书系（多卷本）"（17ZDA307）的所有成果。这些成果包括大纲系列4册、书系系列26册、综述系列8册，以及选取研究过程中发表的一部分优秀学术论文集辑而成的论文集1册，共计39本著作，约700万字。这个项目的研制，历时5年有余，参加的研究人员多达50余人，来自国内和海外近30所高校。

　　2017年11月，全国哲学社会科学工作办公室正式公布"2017年度国家社科基金重大项目立项名单"。2018年4月14日，国家社科基金重大项目"对外汉语教学语法大纲研制和教学参考语法书系（多卷本）"的开题报告会举行。2019年8月，2017年度国家社科基金重大项目中期检查评估报告提交，2023年1月召开课题结项鉴定会。

　　根据专家组的意见，特别是专家组组长赵金铭教授两次谈话的意见，按照全国哲学社会科学工作办公室立项通知书上的要求，本项研究牢固树立问题意识、创新意识和精品意识，立足学术前沿，体现有限目标，突出研究重点，注重研究方法，符合学术规范。项目的执行情况、所解决的问题和最终成果如下：

　　大纲、书系和综述是主要的研究成果。三类不同的成果面对的读者是不一样的：大纲是给教师教学与科研使用的，同时也顾及学习汉语、研究汉语的一些国际学生；书系主要是给在一线教学的对外汉语教师看的，以解决这些教师在教学过程中的实际问题为目的；综述是对大纲和书系的补充，主要面向对外汉语教师、汉语国际教育专业研究生和本科生，以及需要进一步了解、研究相关领域的群体，为这些人继续研究相关问题提供材料和方法。三种不同的读者群体决定了三类成果的不同写法。

1. 大纲研制

大纲研制的最终成果是两套大纲：分级大纲（初级大纲和中级大纲）和分类大纲（书面语大纲和口语大纲），共4册。语法大纲不局限于语法知识本身，而是以学习者语言能力的培养为目标。凡是能促进学习者语言能力的语法项目都应析出为大纲的项目。语法项目的编排依据的是语法形式，使用条件式来描述细目的功能。使用条件式有利于促进语法知识转化为语言能力。

分级大纲中语法项目的等级不宜简单理解为语言本身的难度区分，更应理解为习得过程性的内在要求。以促进学习者生成语言能力为目标，支持学习者语言能力生成的语法项目都应列目，项目编排以语法结构为基础，细目的描写以促进语言能力生成为重。大纲体现习得的过程性，总体上为螺旋形呈现。

目前对外汉语教学和科研依据的都是通用语体的语法大纲，至今尚没有分语体的大纲问世，这种状况显然与发展迅速的第二语言教学事业不相适应。书面语语法大纲和口语语法大纲的研制，填补了大纲研究的空白，在今后的教学指导、教材编撰、汉语水平测试等方面，都能发挥很大的作用。

2. 书系研发

我们在全国范围内分三批次遴选和推荐了撰稿人，这些撰稿人都有长期从事对外汉语教学的经历，且都是语法专业背景出身。从目前情况看，学术界和教学界都需要这一类书，这套书也具有填补空白的作用。而且，这套书是开放性的，条件成熟了可以再继续做下去，达到30本到50本的规模，甚至再多一些都是可能的。

书系的研发应以"语法项目"作为书名，不求体系完整，成熟一本撰写一本；专业性不能太强，要考虑到书系的读者需求，他们阅读这本书是为了解决教学上的问题，除了必要的理论阐述和说明之外，要尽量早一点儿切入教学中去；提出的问题要切合教学实际，60～80个问题，其实就是这本书的目录，有人来查，很快就能对症下药，找到自己想要的东西；提的问题要有针对性，要有实用性，针对学生的水平等级，围绕这个语法项目，把教学上可能遇到的问题按等级排序。总之，这是一套深入浅出的普及性小册子，一定会受到广大对外汉语教师的欢迎。

3. 综述编著

按照标书要求，阶段性成果包括两套综述汇编。编著这两套综述汇编，首先是项目研制的需要，是和大纲研制、书系研发互相支撑、互相配合的；其次是近20年的综述汇编，学术界和出版界均尚无相关成果问世，很多研究者迫切需要这方面的资料；最后是这套综述汇编的写法与其他综述成果不同，两套综述不仅仅是"资料汇编"，里面更有很多作者的评议和引导，是"编著"类的"综述"，这类"综述"其实是不多的。这样的写法比目前在做的或者已经出版的"综述"要科学得多，实用得多。

综述分为两套：《近20年对外汉语语法教学研究》和《近20年汉语作为第二语言语法习得研究》。综述的主要读者应该是研究者，是关心该领域的研究者，作者收集的材料要尽可能齐全，作者所做的分析要有依据，作者做出的解释要能让研究者信服。两套综述都能做到对相关问题做出梳理，述评结合，突出评价的学术性、原创性和实用性，力图使读者对相关论题有一个全面的认识和深刻的思考，并为进一步的研究提供方向。

对上述这些成果的介绍只能点到为止，事实上，具体到每一本著述，都是有必要重点介绍的。好在每套书都另有主编，请读者自行阅读每套书的主编写的"序"吧。我这里还想向读者介绍的是这些著述的作者们，没有他们，这些成果难以问世。

本项课题涉及面广，研究人员多，在最初填写招标书时我们已经意识到了："本项研究工程浩大，……大纲和书系非一校之力可完成，将集中全国不同高校共同承担。"本课题前后参加研究的人员有50多人，分布在国内及海外近30所高校。如何将这些研究人员组织起来，集思广益，凝神聚力？课题组在"集全国高校之力"上，下了大力气。

原先设想由某个高校具体负责某块项目研究，但该想法在实际操作中遇到了问题。开题报告会后，课题组调整后的组织方式体现出优势来。四个研发小组的组长取代了原来子课题负责人的职位和功能，优势体现在：他们面对的是具体的项目，而不是具体的研究人员；他们针对项目选取研究人员，而不是为已有的研究人员配备研究内容；他们可以从全国高校选择自己相中的研究人员，而无须采取先满足校内再满足校外的程序和方式。人尽其才，物尽其用，效率提高，质量保证，自然是意料之中的结果。例如，书系组的20多位作者来自15所高校，综述组的作者来自12所高校。这是第一个方面。

第二个方面，就是充分利用会议的机会，将会议定位于有目标的会议、有任务的会议，让会议开出成效来。自课题立项之后，围绕着课题的研究进展，课题组已经开过多次会议。一是一年一度的"教学语法学术讨论会"，课题组所有人员都参加，至今已经开过多届：淮北（2017）、扬州（2018）、南宁（2019）、黄山（2020）等等。二是一年多次的课题专项讨论会，有需要就开。如在杭州，就分别开过综述组、数据平台组、书系组的专项讨论会；在南京、上海都开过大纲组的专项讨论会；2020年7月，在腾讯会议上开过两次大纲组的专项讨论会；等等。这些会议目标明确，交流便捷，解决问题能力强，时间跨度短，是联络不同高校研究人员的好方式。

这套书的所有主编和作者都十分尽力。对外汉语教师的工作量很大，大多数人都有每周10节以上的课时量；况且，大多数人的手上还有自己的科研项目要做，还有自己指导的研究生论文要看，还有各自的研究论文要写。种种忙碌和辛苦之中，要挤出这么多时间和精力，去从事另外一块研究任务，还是高标准、有要求、无报酬的研究任务，如果没有对对外汉语教师这个职业的由衷热爱，没有为对外汉语教学事业做点儿贡献的精神支撑，他们是断然不可能接受这样的研究任务的。更何况有些作者接受了两项不同的研究任务，研究强度和研究压力可想而知。因此可以这么说，这些成果渗透着作者们的辛劳，饱含着作者们的心血，每一本都是"呕心之作"，这样的赞誉是得当的。

北京语言大学出版社是这个项目的合作者和推动者。项目立项不久，出版社和课题组就有过接触。出版社前后两任社长和总编辑都向课题组表过态，希望这个课题的所有成果能在北京语言大学出版社出版，出版社愿意为课题的宣传、推广、出版尽责任，做贡献。2020年1月，课题组和出版社有过进一步的密切联系，敲定了详细的合作计划。2022年3月，出版社申报的"对外汉语教学语法丛书"成功入选2022年度国家出版基金资助项目。这些成果的出版，没有出版社的支持是做不到的。

再次感谢在漫长的研究过程中给予我们支持、帮助的所有老师和朋友。

对于这套教学参考语法书系，这里想重点介绍下这套书系的编撰特点和编撰原则。编撰特点可以归纳为以下四点："设计理念要接受多元的语言学理论指导""编撰方针是两种语法分析方法的结合""结构框架要考虑本体研究和教学研究的需要""问题设计要以'碎片化'语法为主"。关于这四点的具体阐述就不再展开了，事实上读者通过这四点已经可以大致了解这套书系的编撰理念了。入选的26本专著选取了不同的语法项目作为书名，面对不同的主题，每本书都会在不同层面、不同角度、不同对象上反映出这套书系的整体面貌和阐述形式，以及结构框架和问题设计，值得一读。

这套教学参考语法书系两个必须遵守的编撰原则是普及性和实践性。普及性原则体现在要做到对读者进行语法知识的普及。语法知识普及要考虑两个方面的问题：一是理论知识的普及，二是语法术语的普及。书系的编写还要遵守实践性的原则，这个原则体现在三个方面：一是面向教学实践，二是面向教师群体，三是面向教学语法。这套书系不以学术高度与理论深度为目标，而以是否能够解决实际问题为标准。出版这样的系列丛书尚属首次，相信普及性原则和实践性原则会使这套书系更接地气，更受欢迎。

教学参考语法书系研发是和汉语教学语法大纲研制平行的、互相支撑的一项研究，书系是以大纲为参照编写的，作为本体研究和教学研究的重要工具书，是对大纲的深化和阐述。书系书目的确定、编写方式的确定，以及作者队伍的确定，都尽量做到和大纲的研制同质同步。当然，由于书系服务的目标人群和大纲不完全一样，作者会更多地关注语法教学的实效性，对一些具体问题的处理可能会有与大纲不同的地方，这一点也是需要说明的。

　　谨以此作为总序。

齐沪扬

初稿于 2020 年 7 月

二稿于 2022 年 5 月

三稿于 2022 年 12 月

序

　　本专辑包括《宾语》《定语》《结果补语》和《趋向补语》四部著作，是齐沪扬教授主编的教学参考语法书系六大专辑之一。

　　在汉语作为第二语言的语法教学中，句法成分是一个重要的教学内容。同时，句法成分研究也是汉语语法研究界所关注的热点问题。有关句法成分的讨论和探索一直没有停止过，比如主宾语大讨论、主语和话题之辨、补语分类的讨论、名词短语中"的"的隐现规律的探讨、各类补语的历时与共时研究等。这些研究无疑为句法成分的教学提供了深厚的理论基础与教学参考。但同时，这些研究有的偏于宏观，有的偏于理论，所以教学中遇到的一些具体问题无法直接从中得到解答。比如我们可以说"吃食堂"，为什么不能说"吃餐厅"？可以说"我见过他一次"，为什么不能说"我见过中国人一次"？还有一些问题学界虽然讨论不少，但始终没有得出统一的解释，这无疑会影响到这些语言点的教学。处所宾语与趋向补语的位置关系就是一个典型的例子，虽然教师在课堂上一再强调，但学生仍然会出现大量偏误。另外，有些语言现象的描写多，针对汉语教学的解释少，也会直接影响学生对这些语言点的理解，比如"的"的隐现问题，就需要思考如何结合认知分析让学生更容易地习得其中的规律。此外，更有一些教学中的问题是理论研究未涉及的，比如跟"进教室、走进教室"相比，"走进教室去"极其复杂，我们什么时候需要用到这种复杂的结构？这些理论语法研究界没有解决的问题，在教学语法研究界同样没有得到重视。杨德峰和范麾京

（2016）①统计了三本影响力较大的汉语语法教材，在三本语法教材的三个语法体系中，作为语法项目共同出现的句法成分只有定语、状语和补语，有两本教材甚至没有出现主语、谓语和宾语。由此一斑可窥全豹，句法成分的教学问题甚至没有引起语法教学研究人士的关注。我们也在中国知网上以句法成分作为主题，不限定年度来检索教学研究的成果。截至2022年5月，有关主语、谓语、宾语、定语、状语、补语教学研究的文章数量分别为9、14、22、58、66、546篇。除了补语，其他句法成分的研究成果数量十分稀少。

　　句法成分专辑正是在这样的状况下应运而生。本专辑的作者敏锐地观察到了上述情况，尝试从一名汉语教师的角度对教学中遇到的以及可能会遇到的问题做出解答，以期为汉语教师的教和学习者的学提供帮助。本专辑的四部著作具有以下共同特点：一是系统全面。全书以问题为纲，这些问题涵盖了理论篇、知识篇、习得篇、教学篇四方面的内容，包含了教学中可能涉及的所有领域。理论篇对句法成分的定义、范围、分类、意义进行界定，对其在汉语中的独特性进行说明，并对其在其他语言中的表达形式进行分析与对比；知识篇对教学中可能涉及的具体知识点进行讲解；习得篇就学生的常见偏误进行分析，探讨偏误产生的原因，并就如何避免偏误提出建议；教学篇则对教学环节和教学方法等的具体操作进行介绍，在教学准备、课堂教学及课后反思等各环节为读者提供全面的参考。二是深入浅出。句法成分研究的相关成果有的理论性比较强，不能直接运用到教学中。考虑到海内外汉语教师队伍专业背景不一，作者对一些已有的研究定论进行了教学转化，将自己对一些问题的思考用浅显易懂的语言进行表达，使得不论何种专业背景的读者都能够有所收获，都能得到直接的参考。三是实用性强。每一本书中提出的问题都是从实际教学出发，比如习得篇中的偏误现象，都来源于作者多年教学中积累的问题。对这些现象的分析，可以帮助读者解决遇到的同类偏误问题；教学篇则是针对教学的具体步骤、具体方法和基本环节进行设计，这样的内容能够直接帮助读者设计一堂语法教学课；更有慕课及翻转课堂的设计，可以为读者提供网络教学资源建设方面的帮助。

---

① 杨德峰、范崦京（2016）对外汉语教学语法体系反思及构建原则刍议——从三本语法教材谈起，《国际汉语教学研究》第 2 期。

　　除了上述共同特点，本专辑的四部著作也分别具有各自的特点，这与作者的学术背景有关，同时也与研究对象的特点有密切关系。《宾语》一书尤其注重对相关研究成果的继承和发展，特别是在理论篇，将传统研究中的热点问题进行了梳理，并从教学语法的角度将这些成果进行了系统转化。《定语》一书则注重汉语言的类型特点，从世界语言语序类型学的角度关注汉语定语的特点，并从这一角度出发，系统集中地讨论定语教学中出现的偏误类型，比如"的"的遗漏与误加、定语与中心语的错序、定语的误加与误用等问题。《结果补语》一书尤其关注相近动结式表义的异同，比如"写上"和"写下"、"用光、用尽"和"用完"等。相信很多读者在看到这样的问题时也会莞尔一笑，想到自己在课堂上被学生追问同类问题的情景。《趋向补语》一书则更加重视教学篇的内容，比如对教学例句如何选择、教学活动和练习如何设计、如何运用任务型教学法开展教学都进行了细致的讨论；另外，对教学环节的设计也提出了建议，比如如何导入、如何讲练等等。相信这些内容一定能对读者的课堂教学提供一些思路和帮助。

郭晓麟

2022 年 5 月 13 日

目 录

第二部分　外国学习者习得定语时常出现的问题　/ 75

引 言

一、编写背景

齐沪扬教授主持的国家社科基金重大项目"对外汉语教学语法大纲研制和教学参考语法书系（多卷本）"（17ZDA307）包括两项重要的研究内容：对外汉语教学语法大纲的重新研制，以及教学参考语法书系的编写和出版。这两项内容相结合能够为汉语教学提供系统而详尽的帮助。书系以"一点一书"的形式呈现，一个知识点编写一本教学参考书，力求为所涉知识点的教学提供全面的参考和指导。《定语》就是该书系的组成部分之一。

（一）集中讨论定语的重要性

1. 不同语言中定语的句法分布不同

在现代汉语中，定语位于中心语前面，且多项定语的顺序遵循一定的规则。但是，许多语言跟汉语不同，我们以8种外语为例，与汉语进行对比，看一下定语在不同语言中的语法分布情况。

（1）汉语

这三本书

一条红色的裙子

（2）印尼语

Tiga buah buku ini

三　　本　　书　　这

Sepotong　rok　merah

一条　　裙子　红色

（3）越南语

Ba　quyển　sách　này

三　　本　　书　　这

một chiếc　váy　màu đỏ

一　　条　裙子　红色

（4）柬埔寨语

សៀវភៅ　បី　ក្បាល　នេះ

书　　三　　本　　这

សំពត់　ក្រហម　មួយ　សម្រាប់

裙子　　红色（的）　　一　　件

（5）缅甸语

ဒီ　စာအုပ်　　သုံးအုပ်

这　书　　　三本

အနီရောင်　ဂါဝန်　တစ်ထည်

红色　（的）裙子　一件

（6）泰语

หนังสือ　สาม　เล่ม　นี้

书　　三　　本　　这

กระโปรง　สีแดง　หนึ่ง　ตัว

裙子　　红色　（的）　一　件

（7）乌尔都语

کتابیں عدد تین یہ

书本三　这

سکرٹ کی رنگ سرخ عدد ایک

裙子红色（的）件一

（8）韩语

저   세권의   책

这   三本   书

한   벌의   빨간색   치마

一条   红色的   裙子

（9）英语

these   three   books

这   三本   书

a   red   skirt

一条   红色的   裙子

从例（1）～（9）中可以看出，只有韩语、英语的定语与中心语顺序同汉语的是一致的，不过韩语、英语中都没有相应的量词。我们从理论层面可以预测，母语背景不同的外国学习者习得汉语定语时出现的偏误会有所不同。事实也的确如此，大量相关的偏误现象可以证明。这证明了集中讨论现代汉语定语问题的重要性和必要性。

2. 以往大纲中有关定语的知识比较零散

在《高等学校外国留学生汉语言专业教学大纲》（国家对外汉语教学领导小组办公室，2002）中，语法分为甲、乙、丙、丁四级。其中涉及定语知识的，甲级语法大纲中有名词、代词、数词或名词词组、形容词或形容词词组、动词或动词词组、主谓词组做定语的内容，乙级语法大纲中只列举了多项定语的例句（如：那个工人给我们谈了工厂和他自己的情况；那个个子比较高的青年工人是我弟弟），丙级语法大纲中有联合词组、偏正词组、动补词组、动宾词组、主谓词组、数量词组、"的"字词组、复指词组、连动词组、兼语词组等做定语的内容。[①]

《国际汉语教学通用课程大纲》（修订版）（孔子学院总部／国家汉办，2014）将国际汉语教学课程内容分为六个等级，其中一级语法项目中不涉及定

[①]   此处遵照了原书内容，采用了"词组"的说法。本书自身内容的表述，均把"词组"称为"短语"。

语；二级语法项目中只涉及"形容词 + 的 + 名词"（如：可爱的孩子）的定中结构；三级语法项目中涉及主谓短语做定语，结构形式为"主语 + 动词 + 的 + 名词"（如：我买的书），以及动词性短语做定语，结构形式为"动词性短语 + 的 + 名词"（如：教汉语的老师）；四、五、六级中则完全不涉及定语。

《国际中文教育中文水平等级标准》（中华人民共和国教育部、国家语言文字工作委员会，2021）将语法内容划分为三等九级，其中一级语法项目中介绍了名词性词语、形容词性词语、数量短语做定语；二级语法项目中没有专门介绍定语，但在介绍短语的基本结构类型时提到了偏正短语（如：新衣服、学校的图书馆）；三级语法项目中介绍了动词或动词性短语、主谓短语做定语；四级语法项目中介绍了多项定语；六级语法项目中介绍了"数词 + 形容词 + 量词"结构（如：一大杯），这同定语关系密切；七～九级语法项目中介绍了"数词 + 量词 + 抽象事物"结构（如：一身本领），这也同定语关系密切。

各类大纲所涉及的定语知识相对分散，不利于教师形成系统性、全面性的认识，因此集中讨论一下现代汉语中的定语问题很有必要，这也是编写本书的主要出发点。

（二）已有的相关研究及存在的问题

除参考有代表性的专著和教材外，我们在编写本书时还穷尽式地参阅了2000—2021年中国知网上的所有相关文献。总的来说，关于定语的理论研究主要集中在定语的分类、多项定语的语序、"的"的隐现三个方面。

关于定语的分类，朱德熙在《定语和状语》（1958）中把定语分为限定性定语和描写性定语两类，而李德津、程美珍的《外国人实用汉语语法》（1988），房玉清的《实用汉语语法》（1992），马真的《简明实用汉语语法教程》（1997），刘月华、潘文娱、故韡的《实用现代汉语语法》（增订本）（2001），齐沪扬主编的《对外汉语教学语法》（2005），张宝林的《汉语教学参考语法》（2006），卢福波的《对外汉语教学实用语法》（修订本）（2011），杨玉玲的《现代汉语语法答问（下）》（2011），吴勇毅、吴中伟、李劲荣的《实用汉语教学语法》（2016）等均从语法和语义两个角度给定语分类。

　　至于多项定语的语序，丁声树、吕叔湘、李荣等在《现代汉语语法讲话》（1961）中认为，多重修饰语（即定语）的顺序是"领属性的修饰语 > 处所词和时间词（可以互为先后）> 主谓结构 > 动宾结构、动补结构、动词带修饰语 > 形容词 > 非领属性的名词 > 不用'的'字、直接黏附在中心语前头的形容词或名词"。房玉清在《实用汉语语法》（1992）中认为，多重定语的顺序是组合式定语放在黏合式定语之前。如果定语都是黏合式的，次序一般是"表领属的词语 > 数量短语 > 形容词 > 名词"；如果定语后都带"的"，次序一般是"表领属的词语 > 各类短语 > 形容词 > 名词"。刘月华、潘文娱、故韡在《实用现代汉语语法》（增订本）（2001）中认为，递加关系的定语排列顺序是"领属性名词、代词 > 处所词与时间词（互为先后）> 数量短语 > 主谓短语 > 动词（短语）、介词短语 > 形容词（短语）及其他描写性词语 > 不用'的'的形容词和描写性的名词"。另外，张敏在专著《认知语言学与汉语名词短语》（1998），以及刘宁生在文章《汉语偏正结构的认知基础及其在语序类型学上的意义》（1995）、袁毓林在文章《定语顺序的认知解释及其理论蕴涵》（1999）中还用认知语言学理论阐释了多项定语排序的规则。

　　关于"的"的隐现，吕叔湘在《中国文法要略》（1947）中认为"的"字的隐现与定语和中心语意义结合的紧密程度有关。朱德熙在《语法讲义》（1982）中也提到，用不用"的"，定语和中心语之间的关系会发生变化。齐沪扬在《现代汉语短语》（2000）中明确了一定要用"的"、一定不能用"的"和用不用"的"两可的情况。刘月华、潘文娱、故韡在《实用现代汉语语法》（增订本）（2001）中也分析了"的"的隐现问题。

　　在以往的定语理论研究中，存在的主要分歧是定语是否可以移位。张静在其主编的《新编现代汉语》（1980）中认为，为了表达的需要，定语有时可以移到中心语之后，或者移到谓语动词之前；潘晓东在文章《浅谈定语的易位现象》（1981）中认为，定语能够前移；温锁林、雒自清在文章《定语的移位》（2000）中认为，定语可以前移，也可以后移。但陆俭明在文章《关于定语易位问题》（1982）、李芳杰在文章《定语易位问题刍议》（1983）中则反对移位说法，认为定语易位需要厘清定语和状语的关系。大量语料显示，多项定语之间的顺序在一定条件下可以是不同的（如："一条笔直的马路"和"笔直的一条马路"），这与定语易位的性质是不一样的。

在习得和教学方面，几乎所有的对外汉语教学语法著作都涉及定语问题，其中比较有代表性的有李大忠的《外国人学汉语语法偏误分析》（1996），程美珍主编的《汉语病句辨析九百例》（1997），周小兵、朱其智、邓小宁等的《外国人学汉语语法偏误研究》（2007），崔希亮等的《汉语作为第二语言的习得与认知研究》（2008）和《欧美学生汉语学习和认知研究》（2010），肖奚强等的《汉语中介语语法问题研究》（2008），卢福波的《汉语语法教学理论与方法》（2010），孙德金等的《欧美学生汉语语法习得与认知专题研究》（2012），王建勤主编的《汉语作为第二语言的学习者习得过程研究》（2006），施春宏等的《汉语构式的二语习得研究》（2017），等等。

另外，在汉外对比研究方面，已有的研究多集中在定语语序对比上，目前已涉及的对比语种有英语、俄语、日语、韩语、泰语、西班牙语、阿拉伯语、马达加斯加语等。

综上，关于定语的理论研究已经取得了不少成果，但是在定语的分类、多项定语的语序及"的"的隐现方面依然存在许多值得思考的问题。同时，描写语言现象的较多，面向汉语教学的解释不够充分，许多问题仍没有给出满意的答案。比如"的"的隐现，怎样结合认知语言学分析以利于外国学习者习得？以往学者所归纳的多项定语排列规则为什么总有反例？怎样合理看待这些问题？再如形容词做定语，是否所有的形容词都具备做定语的资格？哪些可以哪些不可以？

二、编写思路

（一）适用对象

本书不仅可以作为国际中文教师的教学参考书，也可以作为外国学习者学习汉语的材料。

（二）编写原则和方法

本书对于各类知识，重在描写和说明；对于各类现象的解释，则完全根据汉语作为第二语言教学的实际需要。定语作为句法成分中的重要部分，以往的理论研究已相对充分，因此本书对于已有的研究成果，尽量全面介绍，供教学参考；对于基本的、教学常涉及的知识点，则重点介绍。

1. 遴选定语语法项目的原则

在现代汉语中，定语涉及的内容非常庞杂。在遴选定语语法项目时，本书遵循如下原则：

a. 充分观察原则

全面收集已有相关文献，比对各家对定语内涵的理解和对定语范围的划分，形成本书科学合理的观点，然后对定语的定义进行重新阐释，对定语的类型和范围进行合理界定；在此基础上，梳理定语的句法、语义、语用功能特点，以及在教学中存在的实际问题；同时借助语料库，对各类定语及中心语、多项定语的语序、"的"的隐现等问题进行充分观察，最后形成系统全面的定语语法项目体系。

b. 继承保留原则

在系统比对各家关于定语语法项目的阐释时，采取继承保留原则，即针对各个语法项目，取各家最大公约数。对于一般性的说法，如果其较为合理，就继续保留，而不采取大破大立的做法。

c. 纳新发展原则

随着汉语本体研究和教学研究的深入，对于较成熟的新研究成果，本书参照定语语法项目的系统定位，结合教学的实际需要，进行合理吸纳。

d. 综合权衡原则

对定语语法项目进行多方面、多层次的考察、统计、比较和筛选，梳理出有代表性的语法项目，并权衡其教学重要性和习得难易程度，然后进行合理定位和编排，最后做出相应的阐释。

2.阐释定语语法项目的原则

a.适用于实际教学

有些内容只涉及定语的学理知识，在教学中没有什么价值，比如定中短语与同位短语、主谓短语、并列短语的关系。这些问题在本体及相关理论研究领域有讨论的价值，但与目前的汉语教学没有直接的关联，因此本书暂不讨论这些内容。另外，有些定语使用现象出现频率很低，在教学方面也没有什么价值，本书也不予以讨论。

b.兼顾常用性和偏误率

有些语法项目虽然学习者在使用时很少出错，但却是定语的基本知识，是教学过程中绕不开的内容，是学习者打好基础的关键，具有教学价值，因此本书有必要简明扼要地进行阐释。而有些语法项目学习者在使用时常出现偏误，是他们习得的难点，因此在阐释这些语法项目时，本书从学习者习得的规律出发，结合形式和意义进行详细分析。

c.常规结构和非常规结构相结合

多项定语涉及句法结构的问题。有些是一般的、基本的，本书称为"常规结构"；而同样成分组成的其他结构，本书称为"非常规结构"。关于非常规结构，有些比较常见，有些只是偶尔出现，且脱离语境时语义不容易理解，这类非常规结构不是本书所讨论的内容。比如：

（10）梅雨季可真是一个让人心情飘雨的季节。

（11）这一点阳光反给它罩上一层暧昧的色彩。

在上面两例中，"心情飘雨的季节、暧昧的色彩"都是非常规结构。类似的还有"一树的诗歌、数万吨的记忆、痛苦的快乐、倔强的黄色、时间深渊、梦的深渊、沉睡的感情"等。

有些非常规结构比较常见，还存在相对应的常规结构。常规结构表达字面意思，非常规结构则表达特殊的语用修辞意义，其规律性较为明显，这类非常规结构是本书要讨论的。比如：

（12）一朵红花

（13）一朵红红的花

（14）红红的一朵花

例（13）中的"红红的花"和例（14）中的"红红的一朵花"都是非常规结构。这类情况同赵元任（1979）所说的描写性定语和限定性定语存在密切关联。比如"那位戴眼镜的先生"和"戴眼镜的那位先生"，二者都可以说，但所表达的意义有所不同，可以归结为定语"戴眼镜的"的限定性用法和描写性用法之别。"一朵"在例（12）～（14）中，逐渐从限定性过渡到描写性。

3.编写方法

在本书的编写上，我们主要借鉴了《汉语水平等级标准与语法等级大纲》（国家对外汉语教学领导小组办公室汉语水平考试部，1996）的编制方法，即运用定性、定量、定位相结合的综合方法，将多学科定量统计与群体性定性、定位分析相结合，将语言学的科学原则与国际中文教学的需求相结合。比如，对于定语的语义类型及充当定语的条件等问题，本书采取团队协商的办法，经过充分论证后取得合理的结果；而对于哪些语法项目是基本、常用的，哪些是学习者使用时容易犯错的等问题，本书则通过对相关语料库和文献的统计，用数据来定夺。

（三）切入视角

本书以问题为导向，围绕现代汉语中的定语知识和外国学习者容易出现的偏误，依据第二语言教学规律，从两个角度切入：

第一，从定语构成的词语及其相关结构的认知语义入手，这方面主要结合第二语言学习的习得规律；

第二，从定语的分布环境入手，这方面主要结合定语语法项目的使用环境，目的是使学习者更快地学会应用，这也符合汉语教学的最终目标。

三、基本内容和框架

本书集中讨论三个方面的内容：

（一）关于定语的理论

这部分集中梳理汉语本体研究领域的文献，同时借助认知语言学、语用学、对比语言学、语言类型学等领域的相关理论和方法，讨论定语的基本问题。本部分重在介绍定语的性质、类别，定语及其修饰的中心语的成分构成，定语标记"的"的隐现规则，等等。

（二）关于定语的习得

这部分所涉及的问题均是通过对现有文献的梳理和对中介语语料库的检索统计出来的，我们对这些问题进行了合理分类，并从中遴选出有代表性的例子进行具体分析。

（三）关于定语的教学

相对于状语和补语，定语的教学难点不是最多的。这部分主要是在前面两个内容板块的基础上确定重点和难点，同时结合已有的教学成果，阐释定语的教学问题。

四、其他说明

（一）其他语料的来源

本书例词的语法属性主要参考了《现代汉语词典》（第7版）、《汉语动词用法词典》、《汉语形容词用法词典》。本书的例句以及所列举的词语主要来自前人研究文献、北京大学CCL现代汉语语料库，部分来自北京语言大学HSK动态作文语料库。因为例子较多，为避免烦琐，书中不再具体标明例句或例词的出处。

（二）符号说明

为了方便读者阅读，本书把例子中需要强调的定语用"＿"标记，中心语用"﹏"标记。

第一部分　定语的相关理论

1. 什么是定语?

对"定语"这一概念的常见解释是：定语是名词性成分前面的修饰成分。这种说法突出了定语的功能，但并不直接，因为"定语"这一概念属于句法层面的，同它对应的是中心语；同时，这一说法也存在遗漏，因为定语也可以是动词性、形容词性成分前面的修饰成分。比如：

（1）木头的桌子（名词＋名词）

（2）清新的空气（形容词＋名词）

（3）学习的时候（动词＋名词）

（4）一件毛衣（数量短语＋名词）

（5）气冲冲的他（形容词＋代词）

（6）童心未泯的我们（主谓短语＋代词）

（7）春天的温暖（名词＋形容词）

（8）他们的快乐（代词＋形容词）

（9）朋友的到来（名词＋动词）

（10）我们的回答（代词＋动词）

在以上这些短语中，例（1）～（6）中的中心语是名词性的，但例（7）～（10）中的中心语却是形容词性或动词性的。定语所修饰的中心语主要是名词性成分，这是常见的现象；但不可否认的是，充当中心语的也可以是动词性、形容词性成分，而且这在古代汉语中就已存在。比如：

（11）乳哺之寄，将付嘱谁？（《佛本行集经》）

（12）其入微尘数算之计，更复云何？（《佛本行集经》）

（13）上悖日月之明，下烁山川之精，中堕四时之施。（《庄子》）

（14）仗兵革之强，乘毁魏之威，而欲以力臣天下之主，臣恐其有后患也。（《史记》）

（15）成季之勋，宣孟之忠，而无后，为善者其惧矣。（《左传》）

另外，名词性成分前面的修饰成分还可以是副词。比如：

（16）都大姑娘了。

（17）已经深夜了。

例（16）、（17）中的副词"都、已经"充当的是状语，不能被看作定语。

有的学者说，修饰、限制主语或宾语的词或短语（有的称为"词组"）叫定语，但是汉语中能够充当主语或宾语的成分本来就多样，这一说法会使问题变得更加复杂。

还有学者说，定语是表示中心语性状、质料、数量、所属、处所、时间、范围等的前加成分，这是从中心语的属性来说明定语的作用的，直接用作定语的定义也不太合适。

说定语是用来修饰中心语的成分也比较笼统，因为状语也是修饰中心语的成分。

还有学者给出的定义是：名词性偏正结构里的修饰语。这种说法也存在不当之处，会使读者误以为名词性短语的功能等同于名词，其实不然。比如：

（18）高水平带来高收益。（做主语）

（19）双方经贸、科技合作达到了高水平。（做宾语）

（20）从全国20多所大学和科研单位中请来技术专家，组成高水平的"智囊团"。（做定语）

（21）中国代表团高水平地实现了竞赛成绩和精神文明双丰收的目标。（做状语）

（22）师长，好枪法！（做谓语）

虽然部分名词也可以单独做谓语（如"今天星期六"中的"星期六"）和状

语（如"军事占领"中的"军事"），但充当谓语的名词多是时间名词（如"国庆节、冬至"等），充当状语的名词多是方式名词（如"和平、高温"等）。例（21）、（22）中的定中短语不能省略前面的形容词"高"和"好"，名词"水平"的功能不等同于"高水平"，名词"枪法"的功能不等同于"好枪法"，名词"水平、枪法"均不可以单独充当状语或谓语，因此定中短语与名词不存在对应关系。

我们认为，把名词性偏正结构改为体词性偏正结构更为合理。体词的主要句法功能是充当主语和宾语，一般不做谓语。现代汉语中的体词主要包括名词、数词、量词，大多数人称代词也具有体词的功能。

综合以上说法，关于"定语"，我们认为目前比较合理的定义是：体词性偏正结构里的修饰语。

2. 怎样区分定语和状语？

与定语最容易混淆的是状语，因为二者都是位于中心语前面的修饰语，且中心语都可以是谓词性的或体词性的。比如：

（1）a. 水平的提高　　　　问题的纠正

　　　b. 迅速地提高　　　　彻底地纠正

（2）a. 我们的班长　　　　下午三点

　　　b. 都班长（了）　　　已经三点

怎样区分定语和状语？早期多采取这样的判定方式："名词前边回答'谁的''什么样的''多少'这类问题的名词、代词、形容词、数量词叫作定语"，"动词、形容词前边的形容词、副词或者表示时间、处所的词，能回答'怎么''多么'这类问题的，叫作状语"。但按照这样的判定方式分析下面的短语则容易出现偏差：

（3）刚星期二 / 也急性子 / 仅三个人

（4）水平的提高 / 问题的纠正 / 老王的任命 / 狐狸的狡猾

例（3）应该都是状中短语，但按照上面的判定方式，容易被判定为定中短语；例（4）应该都是定中短语，但按照上面的判定方式，容易被判定为状中短语。

结合前面的分析，我们在此给出如下结论：

定语的判定标准应该是：体词性短语内居于前面的修饰语。比如"水平的提高、狐狸的狡猾"都是体词性短语，中心语"提高（动词）"和"狡猾（形容词）"是谓词性的，居于前面的修饰语"水平"和"狐狸"都是定语。

状语的判定标准应该是：谓词性结构中居于前面的修饰语。这里之所以不说"谓词性短语"，是因为存在两种情况。一种是谓词性短语，如"刚星期二、也急性子"，其中心语"星期二（名词）、急性子（名词）"是体词性的，居于前面的修饰语"刚、也"是状语；还有一种是状语居于主语之前的情况，如"昨天，我们学校举行了新生开学典礼""在上海，我们登上了东方明珠"，这里的状语与句中的谓语不能认为是一个短语，但二者存在密切关系，可以视为"结构"。

怎样区分定语和状语？以下三条标准可供选择：

1. 修饰语的性质

从修饰语的情况看，人称代词、名词、区别词、"数词＋名量词"构成的数量短语只能做定语，不能做状语，不管中心语的性质如何；大多数副词只能做状语，不能做定语，不管中心语的性质如何。按照这一标准，我们只能用列举的方式指出哪些修饰语是定语，哪些修饰语是状语。采用列举式的缺点是，有些修饰语既可以充当定语，也可以充当状语。比如单音节形容词直接做修饰语，有时是定语（如"假古董"中的"假"），有时是状语（如"假笑"中的"假"）。

2. 中心语的性质

（5）假古董 高房子 怪脾气 苦味道 粗铁丝

（6）假笑 高喊 怪叫 苦想 粗看

例（5）是定中短语，例（6）是状中短语。而且，例（6）中的修饰语不可以通过加"的"转变为定语。比如：

（7）你别假笑了。

*你别假的笑了。

（8）他突然怪叫了一声。

*他突然怪的叫了一声。

中心语是体词的话，前面的修饰语一般是定语；中心语是谓词的话，前面的修饰语一般是状语。但是也存在不少反例，比如名词前的修饰语也可以是状语，动词和形容词前的修饰语也可以是定语。比如：

（9）都将军（了）　　　（他）也急性子

（10）植物的生长　　　父母的支持

（11）狐狸的狡猾　　　朋友的善良

例（9）中的中心语"将军、急性子"是名词，但副词"都、也"充当的是状语；例（10）中的中心语"生长、支持"是动词，但名词"植物、父母"充当的是定语；例（11）中的中心语"狡猾、善良"是形容词，但名词"狐狸、朋友"充当的是定语。

3. 整个偏正短语的性质

一般来说，如果整个偏正短语为体词性的，那居于前面的修饰语为定语；如果整个偏正短语为谓词性的，那居于前面的修饰语则为状语。这一标准最为全面、合理，因为凡是前面两条标准可以解释的，这一标准都能够解释；前面两条标准不能够解释的，这一标准也可以解释。比如，第一条标准涉及的单音节形容词直接做修饰语，既可以是定语，也可以是状语。第二条标准涉及的名词前的修饰语可以是状语，如例（9）；动词和形容词前的修饰语可以是定语，如例（10）、（11）。

另外，双音节形容词后无论带不带"de"，都有做定语、状语两种可能。比如：

（12）老实人　　　　老实说

（13）仔细de学生　　仔细de看

形容词的重叠式和带叠音后缀的形容词，后面无论带不带"de"，都有做定语、状语两种可能。比如：

（14）老老实实de人　　老老实实de坐着

（15）傻乎乎de样子　　　傻乎乎de笑着

要解决这些问题，需要考虑整个偏正短语的性质。这里以双音节形容词做修饰语为例来说明一下。

（16）a. 周密de调查一下

　　　b. 周密de调查周围的情况

　　　c. 已经周密de调查过了

　　　d. 进行周密de调查

　　　e. 周密de调查很重要

例（16a）～（16e）中都出现了"周密de调查"。其中例（16a）中带了补语，例（16b）中带了宾语，例（16c）中带了状语，这三个短语中的"de"应是"地"，"周密"做状语，"周密地调查"是动词性短语；在例（16d）中，"周密de调查"做"进行"的宾语，"调查"前后也不能再带状语、宾语和补语，所以这里的"de"应是"的"，"周密的调查"是名词性短语；在例（16e）中，"周密de调查"位于主语的位置，所以这里的"de"既可以写作"的"，也可以写作"地"，"周密de调查"既可以是名词性短语，也可以是动词性短语。

3. 充当定语的有哪些词语？

已有的文献资料显示，大多数实词、短语都可以充当定语。其中主要有名词、代词、名词性短语、形容词、形容词性短语，另外少数动词及动词性短语，以及少量的副词也可以充当定语。具体情况如下：

（一）可以充当定语的词

1. 名词充当定语

（1）这些都是小王的书。

（2）少年、儿童在这里祭扫烈士纪念碑，缅怀英烈业绩。

（3）他收起信件，把它们整整齐齐地放进桌子的抽屉里。

（4）坐在海边能充分感受到海的气魄和海的"味道"。

名词充当定语是最为典型的，且受限制较少。

2. 代词充当定语

（5）这是谁的手机？

（6）他的成绩很不错！

（7）你的担心不是没有道理的。

（8）在这个城市，绝大多数大学生和研究生毕业后都不愿意留下来。

（9）她做不到像你对她那样的"好"，你也做不到像她对你那样的"坏"。

（10）我们真的要过了很久很久才能够明白，自己真正怀念的，到底是怎样的人、怎样的事……

除了古代汉语中遗留下来的人称代词"之、其"外，现代汉语中的其他人称代词都可以充当定语；所有指示代词都可以充当定语，但各自情况不同，其中"这、那、某、每、各、该、此"充当定语时后面一定不能出现"的"，"这样、这么、这么样、那样、那么、那么样、彼此、各自"充当定语时后面一定要出现"的"，"任何、如此、其他、其余"充当定语时后面出现不出现"的"都可以。

3. 数词充当定语

一般来说，数词要与量词结合构成数量短语后再充当定语，但数词有时也可以单独充当定语。当然，这样的情况并不多见，多出现在指人名词或处所名词前面，以及表述数学计算过程的语言中。比如：

（11）这项决议，只有一人反对。

（12）为配合新品上市，松下还在广州、杭州、上海、北京、沈阳、成都等六城市举办了"2003年松下汽车音响鉴赏大会"等活动。

（13）这套房子共129平方米。

（14）二的三倍是六。

4. 量词充当定语

一般情况下，量词不能单独充当定语；当量词单独用作定语时，其前往往省略了数词"一"，这并非严格意义上的量词充当定语。比如：

（15）余校长有<u>件</u>事想和大家商量一下。

（16）他当然知道这铁柜的另一面也有<u>个门</u>，门外也有<u>个人</u>。

我们通过检索语料库发现，数词"一"出现的情况反而占少数，省略"一"的情况多发生在口语中，而且比较常见，如"搭把手、捎个信儿、读些书、买朵花儿"等。

还有些情况下，量词前面不能补出数词，如"吃个饭、喝个酒、吹个牛、散个步、洗个澡"等。这里的"个"已经失去了本身的计量功能，而只在口语语体中表示主观小量义了。

5.形容词充当定语

（17）<u>冷</u>空气马上就要来了！

（18）八点多钟，来自全国各地的代表们步入<u>庄严的</u>会场。

现代汉语本体研究领域一般把形容词分为性质形容词和状态形容词。状态形容词充当定语较为自由，性质形容词中除了唯谓形容词，其他充当定语一般也不受限制。唯谓形容词是只能做谓语，不能做定语的形容词，这类形容词数量相对较少，常见的有"迟、对、多、广、狠、僵、紧、静、久、灵、散、少、松、顺、稳、匀、带劲、合算、齐备、顺利、投缘、准时、盎然、索然"等。

6.动词充当定语

（19）<u>参观的</u>人们都感到收获很大。

（20）本次课，<u>学习的</u>内容有三个方面。

已有的文献研究表明，绝大多数单音节动词不能直接充当定语，需要在其后加"的"，如"写的字、看的书、开的车"。双音节动词可以直接充当定语，但是其后没有"的"的话，这样的结构存在歧义。有些动词和其后名词的组合既可以理解为动宾结构，二者形成支配和被支配的关系；也可以理解为定中结构，二者形成限定和被限定的关系。比如，"研究资料、出租汽车、学习文件、进口机器"等。

动词能否充当定语，与动词的动性强弱有关。陈宁萍（1987）通过测试得出动性动词的两个特征：音节数量方面，单音节动词的动性强于双音节动词；内部构造方面，动词的动性强弱存在"前加 / 后附 > 偏正 > 补充 > 陈述 > 支配 > 联合"的序列。

并不是所有的双音节动词都可以充当定语。有些动词与后面的名词只能形成动宾关系，这些动词就是所谓的黏宾动词，如"成为、作为、如同、善于、叫、姓、当"等。

有些动词与后面的名词组合起来必然形成定中关系，这些动词就是所谓的无宾动词，如"播音、工作、升华、罢休、家访、拜倒、看齐"等。

莫彭龄、单青（1985）调查了名词、动词、形容词在主语、谓语、宾语、定语、状语、补语这六种句法位置上的分布情况。根据其统计结果，动词性短语做定语的频率为3.6%，单个动词的仅为1.8%。可见，单个动词做定语的功能是很弱的。

7. 副词充当定语

副词的主要功能是充当状语，但也有少部分副词可以充当定语。能够充当定语的副词均为时间副词。比如：

（21）经过多年改革，目前90%以上的消费品价格管理权限已下放给了企业，商品价格的涨落成为<u>经常的现象</u>。

（22）这桶冷水浇醒了所有的人，<u>刚刚的酒意</u>也都消失了。

（23）作者诉说着人生的欢欣，也不拒绝品尝、回味生活中<u>曾经的苦涩</u>。

（24）纵观各国企业，在激烈的市场竞争中，没有<u>永远的胜利者</u>，也没有<u>永远的失败者</u>。

（25）我喜欢他，喜欢他偶尔卖萌，喜欢他<u>时常的神经质</u>。

（26）小猎没说这些，拉拉不知道这是她<u>向来的作风</u>，还是她认为杜拉拉太难卖出去，所以懒得费事了。

但并不是所有的时间副词都可以充当定语。在能够充当定语的时间副词中，比较常见的有"偶尔、经常、永远、曾经、刚刚、迟早、早晚、马上、忽然、预先、随后、随即、随时、按期、照旧、暂且、姑且"。更多的时间副词是不可以充当定语的，比如"已、已经、曾、刚、才、正、在、正在、将、将要、就、就要、马上、立刻、顿时、终于、常、常常、时时、往往、渐渐、一向、总是、始终、永、赶紧、仍然、还是、屡次、依然、重新、还、再、再三"。

（二）可以充当定语的短语

1. 联合短语充当定语

构成联合短语的成分可以是几个名词或代词，也可以是名词和代词的组合，还可以是几个动词或形容词。比如：

（27）这是<u>一班和二班</u>的试卷。

（28）<u>我和妈妈</u>的房间紧挨着。

（29）老师对我们露出充满<u>信任和谅解</u>的眼光。

（30）一定要想出<u>积极而可靠</u>的办法！

2. 量词短语充当定语

量词短语分为数量短语和指量短语。前者指的是数词直接修饰量词所形成的短语，后者指的是指示代词修饰量词或数量词所形成的短语。比如：

（31）找<u>一家</u>银行去实习吧。

（32）一下子来了<u>三所</u>学校的同学。

（33）<u>这间</u>教室是刚装修的。

（34）你看！<u>那几个</u>人怎么了？

例（31）、（32）中是数量短语充当定语，例（33）、（34）中是指量短语充当定语。

3. 定中短语充当定语

（35）好久没有<u>老同学</u>的消息了。

（36）这是<u>一班班主任</u>的照片。

4. 同位短语充当定语

（37）<u>我们俩</u>的友谊是长久的。

（38）<u>我自己</u>的想法不一定合理，请大家多提意见。

5. 方位短语充当定语

（39）<u>书架上</u>的杂志可以随便拿。

（40）老人不紧不慢地拿出盆子<u>兜水中</u>的鱼。

6. 介词短语充当定语

这类短语一般位于句首。比如：

（41）关于那个问题的答案有很多。

（42）对这件事的理解还存有不少分歧。

7. 状中短语充当定语

（43）展厅里满是很漂亮的家具。

（44）这是一支刚成立的团队。

8. 动补短语充当定语

（45）这些都是洗好的衣服。

（46）打碎的玻璃可不要乱丢，一定要放到安全的地方。

9. 动宾短语充当定语

（47）看足球赛的人在齐声欢呼。

（48）参加比赛的运动员都累坏了。

（49）晚上组织了交流经验的座谈会，主要是请她们介绍下当地的风土和人情。

10. 主谓短语充当定语

（50）看看她新买的衣服。

（51）这就是我们学习的内容。

11. 连动短语充当定语

（52）出去打电话的人都没有看到刚才发生的事情。

（53）报名参加比赛的同学还真不少！

12. 兼语短语充当定语

（54）这是多么令人头疼的问题！

（55）请他来的目的是取得他的支持。

4. 充当定语的词语有哪些语义属性？

根据与中心语的语义关系，充当定语的成分常见的有以下11类语义属性：

1. 表示性质

这类定语一般由性质形容词充当。比如：

（1）要听取<u>正确的</u>意见。

（2）<u>幸福的</u>生活才刚刚开始。

2. 表示状态

这类定语一般由性质形容词的重叠式或状态形容词充当。比如：

（3）纸上画了一个<u>圆圆的</u>圈。

（4）河边长满了<u>绿油油的</u>草。

3. 表示质地

这类定语一般由表示材料的名词充当。比如：

（5）贵州的农村还有不少<u>木头</u>房子。

（6）她今天买了一件<u>皮</u>大衣。

4. 表示用途

这类定语多由短语充当。比如：

（7）<u>洗衣服的</u>水还可以用来拖地。

（8）这些都是<u>考试用的</u>书。

5. 表示数量

（9）我们订了<u>两份</u>外卖。

（10）<u>一些</u>同学经常旷课。

6. 表示时间

（11）这是<u>去年的</u>挂历。

（12）<u>这学期的</u>课程表还没有出来。

7. 表示处所

（13）<u>教室里的</u>学生一下子兴奋起来。

（14）<u>广场上的</u>人们都在干什么？

8. 表示方式

这类定语一般由表示方式的词语充当，如"气声（唱法）、擂台式（打法）"等。再如：

（15）他的"锦囊"里的妙计，无非是什么"S形曲线""圆环图"设计。

（16）中国汽车市场经历了两年多的井喷，现在正处在"螺旋式上升"的阶段。

9. 表示领属

这类定语一般由指人的名词或人称代词充当，如"鲁迅、兄弟、群众、你、他"等。再如：

（17）适度原则与孔子的"中庸"思想一致，要求做事有分寸，适可而止。

（18）孩子的愿望其实是不过分的。

（19）这是我的书包。

10. 表示类属

这类定语一般由表示事物门类、族类、种类、科目的词语充当，如"两栖、节肢、草本、中文、数学、成年、儿童"等。再如：

（20）越来越多的国家开设了中文专业。

（21）我真是弄不清楚自己怎么又迷上了儿童文学。

（22）鲸鱼属于哺乳动物。

11. 表示范围

这类定语一般由表示范围的词语来充当，其中有的是名词，如"全民、全体、全部、部分、往后、周围、周遭"等；有的是指示代词，如"其余、其他、任何、有的、一切、这些、那些"等；有的是形容词，如"所有、单一、广大、广泛、个别、普遍、完全、唯一"等；有的是短语，如"满X、全X、往X"等。再如：

（23）全班同学都参加了考试。

（24）现在一年多过去了，我才发现自己已经慢慢地爱上了这座城市，舍不得离开，舍不得这里的朋友。

（25）这些天，那些书是我唯一的安慰。

（26）所有问题都解决了。

（27）大桥在南航道往南1.7公里，离南岸大约14公里处。

上面只列举了定语比较常见的语义属性。其实，从语义角度分析，定语和中心语之间的关系非常复杂。有的可以归属为不同的类别，比如"中东国家"中的定语"中东"，既可以分析为表示领属的，也可以分析为表示处所的；有的不容易判定应该归为以上哪一类，比如"论文的事"归为以上11类中的哪一类似乎都不合适。

5. 哪些语法类别的词语可以充当定语的中心语?

定语所修饰的中心语，大多是体词性词语，谓词性词语有时也可以做中心语。充当定语中心语的成分主要是名词、代词、动词和形容词。具体情况如下：

1. 名词充当中心语

这类情况最为常见，但专有名词很少见。比如：

（1）迷人的夏季就要到来了。

（2）这里的草木长得很茂盛。

2. 代词充当中心语

并不是所有的代词都可以充当中心语，人称代词中可以充当中心语的最多，如"我、我们、你、你们、您、他／她／它、他们／她们／它们、自己、自个儿、本人、大伙儿、大家、大家伙儿、他人、旁人、别人"等；指示代词中的"这样、那样"、疑问代词中的"谁、什么"也可以充当中心语。人称代词充当中心语时，定语一般是描写性的。比如：

（3）正在昏昏欲睡的他突然被一声响雷惊醒了。

（4）竹安抱住张牙舞爪的我，贴着我耳朵说："别叫了，傻孩子，故意和不故意又有什么分别？"

王力（1943／1944）很早就注意到了"定语＋人称代词"这种结构，他把"人称代词前面有修饰品"列为欧化现象，认为"依中国语的习惯，人称代词的前面是不能有修饰品的；现代书报上却常见有这种说法了"。丁声树、吕叔湘、李荣等（1961）也认为，"代词，原则上是不受修饰的，尽管文学作品里有……这种例子，口语里是不通行的"。赵元任（1979）认为，"无论有'的'没有'的'，形容词照例不修饰代词。'可怜的我'，'一个无产无业无家可归的我'，书面上能见到，说话时听不到"。朱德熙（1982）认为，"人称代词是体词性代词，语法功能和名词相似，例如能做主语、宾语、定语，不能做谓语、状语，不受副词修饰等等。人称代词和名词的区别是名词前边可以有修饰语，人称代词前边一般不能有修饰语"。刘月华、潘文娱、故铧（2001）认为，专有名词和人称代词一般很少受定语的修饰，少量存在于文学作品中。

　3. 动词充当中心语

　根据齐沪扬等（2004）的研究，充当中心语的动词，单音节的只有"爱、恨、笑、哭、死"5个，其他均为双音节；在双音节动词中，联合式动词占绝大多数，其次是偏正式、述宾式、述补式，主谓式只有"地震"1例。从语义角度看，关系动词、复合趋向动词不能充当中心语。从能否带宾语的角度看，可以充当中心语的动词多为不及物动词；在及物动词中，及物性较强的黏宾动词（如"加以、保护"等）不可以充当中心语。比如：

　（5）最初的哭是婴儿开始独立呼吸的标志，是对环境的反射反应。

　（6）现代的独生子女享受了太多的爱，只会被爱而不会施爱，情感淡漠，缺少同情心和利他精神。

　（7）吴文俊对海岛公式证明的复原，是他在数学史方面的一个关键的发现。

　（8）张先生的光临为婚礼增添了欢乐。

　（9）世界各国都在迎接知识经济的到来，特别是发展中国家，把对知识经济机遇的把握看成追赶和超越发达国家的重大机会。

　（10）教育随着人类社会的产生而产生，随着人类社会的发展变化而发生相应的变化。

　4. 形容词充当中心语

　只有性质形容词可以充当中心语，状态形容词不可以。在性质形容词中，少部分为单音节的，更多的是双音节的；而且，双音节性质形容词前还可以有表示程度的词语。比如：

　（11）这篇文章赞颂了祖国的美。

　（12）别抱怨生活的苦，那是去看世界的路。

　（13）改革开放带来了经济的繁荣。

（14）当地环境的特殊是我们没有料到的。

（15）工作的过度紧张使他的健康受到了影响。

（16）我向他们忏悔，为我的虚假，为我的生硬，为我的懒惰。

动词和形容词充当中心语时，定中短语一般在句中做主语和宾语，这类结构通常出现在书面语中。贺阳（2006、2008）认为，动词充当中心语，这是一种欧化语法现象。还有不少学者认为，古代汉语中就存在这一结构类型，现代汉语中的这一结构可以认为是古代汉语句法的复活。比如：

（17）故圣君设度量，置仪法，如天地之坚，如列星之固，如日月之明，如
　　　四时之信。（《管子·任法》）

（18）离朱之明，察箴末于百步之外，不能见渊中之鱼；师旷之聪，合八风
　　　之调，而不能听十里之外。（《淮南子·原道训》）

6. 定语中心语的语义属性有哪些?

从定语和中心语的关系，我们可以判断中心语的语义属性。中心语的语义属性一般与定语中的动词或动词性短语有关系，比较常见的有10种类型。具体情况如下：

1. 表示施事

这类中心语多由指人的名词和人称代词充当，与定语之间一般需要出现"的"。比如：

（1）让人感动的还有那些默默地到工地参加义务劳动的人们。

（2）昨天还是一个蹲在地铁口唱歌的无名歌手，今天就有可能成为一位
　　　"著名歌星"！

2. 表示受事

充当这类中心语的成分较为广泛，大多数名词和人称代词都可以，其在语义关系上受定语支配，且与定语之间一般需要出现"的"。比如：

（3）穿的衣服是他人制的，吃的食物是他人做的。

（4）拿的东西太多了，按电梯都费了好大的劲。

3. 表示支配

这类中心语由动词充当，且与定语之间需要出现"的"。比如：

（5）具有人工智能的机器的制造和使用，是人类能动地认识客观世界，改造客观世界的一种特定的形式。

（6）人类对自然资源的开发和利用是不断发展的。

4. 表示工具

充当这类中心语的成分都是可以用作工具的名词，包括可以临时用作工具的名词。中心语与定语之间一般需要出现"的"。比如：

（7）家里少一只吃饭的碗，外边多一只挣钱的手。

（8）古代欧洲人写字的笔是用鹅毛管做的，因而笔和羽毛在法语中是同一个词。

5. 表示结果

这类中心语表示结果，而与之相对的定语则表示动作行为，两者之间也需要出现"的"。比如：

（9）为蓄水或种树而在山坡上挖的坑，交错排列像鱼鳞。

（10）等将来市场发展成熟，企业补交一部分钱使它对盖的房子享有完全权益，可以把房子拿到市场上买卖。

6. 表示同位

（11）刊登假新闻的媒体，一旦失去了信任，受损的还是它们自己。

（12）这片恢宏的土地以每年十四平方公里的速度沙化，严重地破坏着自然生态环境，威胁着首都北京。

7. 表示时间

（13）那个夏天是他一生当中最为幸福的时光。

（14）用我们连的一个战士的话来说，接下来的三天"仿佛就生活在地狱里"。

8. 表示处所

（15）湖南成片种植湘莲的地方主要在湘潭县白石铺。

（16）走进小区，眼前是干净整洁的路面、绿树掩映的广场。

9. 表示数量

（17）这是人生中少有的几次，我从一个孤独的老人身上感觉到了力量。

（18）今年以来，本报不断收到这类读者来信，今天刊登的只是<u>其中的几封</u>。

10.表示性质

这里所说的性质与质地不同，前者指的是对人或物品质的描述或评价，后者指的是对材料类型属性的说明。比如：

（19）<u>一个女人的美丽</u>，来源于她<u>内心的丰盈</u>。

（20）再华丽的外表也掩饰不了<u>内心的丑陋</u>。

与定语一样，中心语的语义属性也是非常复杂的，这同样是定语和中心语之间复杂的相互制约关系造成的。有的并不能归入以上各类中，有的则要根据上下文进行理解。

7. 定中短语的句法功能有哪些？

一般来说，定中短语都是名词性的，这也包括动词、形容词充当中心语的情况；但在名词性程度方面，定中短语内部有所区别。比如：

（1）感谢<u>您的收听</u>！

（2）<u>今天的考试</u>一定能够顺利通过。

（3）我把一些视频上传到了社交媒体上，希望能向更多人展示<u>中国的美丽</u>。

（4）这么多年来，我头一次真正意识到自己对<u>芭蕾舞的热爱</u>。

例（1）～（4）都是谓词性词语充当中心语的情况。去掉定语，改换其他表达形式，则可以凸显出中心语的动词性或形容词性。比如：

（5）感谢收听！

（6）考试一定能够顺利通过。

（7）我把一些视频上传到了社交媒体上，希望能向更多人展示美丽的中国。

（8）这么多年来，我头一次真正意识到自己非常热爱芭蕾舞。

可以看出，由谓词性词语充当中心语所构成的定中短语的名词性比较弱。

由名词性成分充当中心语的定中短语，在句法中主要充当主语、宾语和定语，在一定条件下也可以充当谓语；而由谓词性成分充当中心语所构成的定中短语，句法功能则比较复杂。总体情况如下：

（一）名词性成分充当中心语的定中短语的句法功能

1.定中短语充当主语

定中短语一般都可以比较自由地做主语。比如：

（9）新书很快就到了。

（10）灿烂的阳光洒满了山坡。

（11）迟到的同学越来越少了。

（12）三位同学的成绩不够理想。

2.定中短语充当宾语

定中短语一般都可以比较自由地做宾语。比如：

（13）这是新出版的书。

（14）安娜是这学期入学的同学。

（15）我在菜市场买到了一些很新鲜的鱼。

3.定中短语充当定语

一般情况下，充当定语的定中短语后面要加上结构助词"的"；当定中短语的定语为第一人称且用在口语中充当主语时，定中短语后面加不加"的"都可以。比如：

（16）一棵银杏树的寿命可达到几千年。

（17）小王博立刻被老师家的那台钢琴吸引得不肯离去。

（18）这是我们省的地图。

（19）我们学校（的）食堂离宿舍比较远。

4.定中短语充当谓语

这类情况不是很多，多出现在说明或评价句中，表示对句子主语进行说明或评价。其中，说明句可以认为省去了判断动词"是"或"有"。比如：

（20）你，好人！

（21）鲁迅，绍兴人。

（22）这个人牛一样的脾气。

（23）这条板凳三条腿。

（二）谓词性词语充当中心语的定中短语的句法功能

中心语由谓词性词语充当的定中短语，其句法功能比较复杂。具体可以分为两类：一类定语为体词性的。比如：

（24）文化的发展常会成为教育发展的动力。

（25）从全球的角度研究地壳运动在时间和空间上的关系，预示了20世纪地质学研究新时期的到来。

在例（24）中，定中短语"文化的发展"充当主语；在例（25）中，定中短语"20世纪地质学研究新时期的到来"充当宾语。

另一类定语是谓词性的。比如：

（26）枪声夹杂着乱腾腾的叫骂、哭喊、哀求。（形容词充当定语，动词充当中心语）

（27）如果她在我的博客里多看看评论，看多了各种千奇百怪恶毒的辱骂，心情肯定很受影响。（形容词充当定语，动词充当中心语）

（28）洗澡时放开你的歌喉，因为大声唱歌需要不停地深呼吸，这样可以得到很好的放松，令心情愉快。（形容词充当定语，动词充当中心语）

（29）真正的比赛、竞争既需要雄厚的实力，又需要一定的智谋和战术。（形容词充当定语，动词充当中心语）

（30）一种沉默的紧张，在他们中间弥漫着。（形容词充当定语，形容词充当中心语）

（31）化妆的快乐在于你对着镜子修改眉眼，还真就能把自己从丑女改成美女，从美女改成天仙。（动词充当定语，形容词充当中心语）

在例（26）～（28）中，画线部分的定中短语充当宾语；在例（29）～（31）中，画线部分的定中短语充当主语。

综合来看，谓词性词语充当中心语的定中短语仍是体词性的，一般只能充当主语和宾语，不可以充当定语和谓语。

8. 定中短语的结构类型有哪些?

定语和中心语各有自己的语法类别,那么二者构成的语法结构类型有哪些?从中心语的语法属性看,定中短语可以分为两大类,即体词性词语充当中心语和谓词性词语充当中心语;从定语的语法属性看,定中短语也可以分为两大类,即体词性词语充当定语和谓词性词语充当定语。按照这样的分类方法,定中短语在结构类型上可以分为四大类,具体如表8-1所示:

表 8-1　定中短语的结构类型

组合类型	定语	中心语
A:体 + 体	体词性词语	体词性词语
B:谓 + 体	谓词性词语	体词性词语
C:体 + 谓	体词性词语	谓词性词语
D:谓 + 谓	谓词性词语	谓词性词语

A类是最典型的定中短语,即定语和中心语都由体词性词语充当,二者之间是领属关系,定语对中心语起限定作用。这类短语的定语和中心语之间无论有没有"的"出现,都不会产生歧义。比如:

妹妹的老师　他们的秘密　中国的土地　神经系统　网络空间

B类一般由动词或形容词充当定语,名词性词语充当中心语。比如:

走的路　看的书　吃的食品　研究的材料　讨论的问题

新书　大飞机　蓝蓝的天空　绿油油的田野　透明的液体

这类短语内部比较复杂,比如:性质形容词(或重叠式)或状态形容词充当定语(如:蓝蓝、绿油油)时,其描写性较强。单音节动词充当定语,定语和中心语之间一定要出现"的"。双音节动词充当定语,定语和中心语之间一般要出现"的";如果没有"的",定中短语容易被理解为动宾短语。比如:

公开(他的)身份　　安定(当前)局面

研究(这项)计划　　分析(这个)课题

C类一般由名词性词语充当定语，动词或形容词充当中心语。比如：

老师的称赞　领导的决定　女人的漂亮　内心的倔强

在这类定中短语中，充当中心语的动词或形容词仍明显具有本来词性的功能，比如这类短语只能充当主语和宾语，这与动词或形容词单独充当主语或宾语时的语义和功能没有明显区别。比如：

（1）庸俗是恶意的教育，警告是年长人的名言，称赞是透过面纱的一个吻。

（2）有时候，美丽是一个昂贵的累赘。

（3）女人对容貌的认识和关注不应仅是漂亮。

（4）小孩子喜欢成功，小孩子喜欢合群，小孩子喜欢称赞。

在例（1）、（2）中，形容词"庸俗、美丽"、动词"警告、称赞"都充当主语；在例（3）、（4）中，形容词"漂亮、合群"、动词"成功、称赞"都充当宾语。

这类短语的定语和中心语之间如果没有"的"，就容易被理解为主谓短语。比如：

老师称赞（他）　　　　　　领导决定（这项计划）

（这个）女人漂亮　　　　　（他的）内心倔强

D类，即谓词性词语充当定语，谓词性词语充当中心语。这类结构最为复杂，也最不典型。这类短语的定语与中心语之间的de要写作"的"。比如：

（5）我讨厌无休止的争吵。

（6）我害怕毫无意义的紧张。

（7）你们不要无休止地争吵。

（8）这些人，毫无意义地紧张！

例（5）、（6）中的画线部分为定中短语，充当句子的宾语；例（7）、（8）中的"无休止地争吵、毫无意义地紧张"为状中短语，充当句子的谓语。

一般来说，体词性的定语是限定性的，谓词性的定语是描写性的，前者比后者更为典型。综合以上分析，根据典型性，上述四类定中短语可以形成以下序列：

A类＞B类＞C类＞D类

9. 什么是限定性定语?

　　定语是一种修饰语。根据其和中心语的语义关系，我们可以将定语分为限定性定语和描写性定语两大类。限定性定语，也有不少学者称为"限制性定语"，相对描写性定语来说，更为典型。

　　限定性定语的主要作用是对中心语所指代的人或事物进行区别，说明其与其他同类人或事物的区别与联系，指明在一些事物中是"这个"而不是"那个"，一般回答"哪一种"或"哪一类"的问题，用于给人或事物分类或划定范围。限定性定语多由名词性词语、动词性词语和表区别的形容性词语来充当，说明人或事物的领属、范围、处所、时间、数量等。具体可以从两方面来说明，一是从语义的角度，二是从语法结构的角度。

（一）限定性定语的语义分类

1. 表示领属的

这类情况是典型的限定性定语。比如：

（1）他唱得如痴如醉，他的儿子敲着手鼓给他伴奏。

（2）从资源上说，老李家的孩子上学，就是比一般家庭的孩子机会多。

（3）我们学校是学生心目中的理想学校，也是家长们心中的明星学校。

（4）台湾自古是中国的领土，这是一个法律上和事实上的存在，是改变不了的。

2. 表示范围的

（5）第二天的秋游，全班的同学都玩儿得十分开心。

（6）你昨天说的那件事，妈妈同意了。

3. 表示处所的

（7）书包里的书是我从图书馆借来的。

（8）鱼是水中的动物，而水又是情感的象征，所以鱼也象征着重视情感。

4. 表示时间的

（9）经过几个月的努力，我们终于通过了考试。

（10）父母的一言一行、一举一动都直接影响着孩子<u>将来的</u>发展。

5. 表示数量的

（11）自己先别夸自己的大肚皮里装满了学问，去翻翻书，才知道并未读过<u>几本</u>书。

（12）这些看起来似区区小事，但就是<u>这一件件</u>"小事"，拉大了顾客和商店的距离。

（二）限定性定语的语法结构分类

从语法结构的角度看，专有名词、代词、动词、性质形容词（后面可以出现"的"）充当的定语，一般是限定性的。比如：

（13）他一边在等公共汽车，一边在听妈妈讲<u>雷锋的</u>故事。

（14）为了使读者了解这位教授的经历，书末附有<u>他的</u>生平简介。

（15）<u>他家里养的</u>狼狗，每月吃的东西比全家人的还多。

（16）这个书要标点，要把你的意见写上去，用<u>红的</u>笔、<u>蓝的</u>笔、<u>绿的</u>笔，然后把它切下来，割下来……

在短语层面，常见的可以充当限定性定语的类型有：

1. 联合短语

联合短语充当的定语，一般是限定性的。比如：

（17）<u>今天上午讨论并通过的</u>议题将很快得到落实。

（18）春节期间，<u>北京和上海的</u>电视台播出了名为《龙腾之声》的电视音乐节目。

2. 数量短语

数量短语（即只由数词和量词构成的短语）、指量短语（指示代词与量词或数量结构构成的短语）充当的定语，一般是限定性的。比如：

（19）<u>这两位</u>审计师像一般的追星族一样，激动地走上前去与这位女演员打招呼。

（20）在混乱中，<u>那三个</u>年轻人早跑得没影儿了，上哪里去找？

3. 连动短语、兼语短语

连动短语、兼语短语充当的定语，一般是限定性的。比如：

（21）前来祝贺的同事们都快来到了，我为他们准备了许多水果糖。

（22）前去看书的人很少，有时整整一个下午，只有两人。

（23）不让他参加这次活动的是他的老婆。

（24）雪儿就是我的小表妹，也就是刚才请你来的那个小女孩儿。

例（21）、（22）中画线的定语是连动短语，例（23）、（24）中画线的定语是兼语短语。

4. "所"字短语、同位短语、介词短语

"所"字短语、同位短语、介词短语充当定语时，也属于限定性定语。比如：

（25）考生所报考的专业原则上应与所从事的专业对口。

（26）孩子总是认为别人所看到的样子和自己所看到的是一样的。

（27）十月一日那天晚上，周炳到"西来初地"里面一条又脏又窄的小巷子参加时事讨论会。

（28）我给她开的新店介绍生意，让她挣我朋友陆涛的钱。

（29）韩国人对于学历的看重不亚于中国人，高考在很大程度上决定了孩子们将来的人生方向。

（30）文字，按照形体的特点，可以区分为汉隶、草书、行书、楷书。

例（25）、（26）中画线的定语为"所"字短语，例（27）、（28）中画线的定语为同位短语，例（29）、（30）中画线的定语为介词短语。

在限定性定语中，有一种是表示同一关系的，即定语和中心语所指内容一致。如果把其间的结构助词"的"换成"这个"，整个偏正短语就转化为同位短语，其中的定语仍是限定性的。比如：

（31）两公婆吵架的小事→两公婆吵架这件小事

（32）黄土高原变成肥沃良田的远景→黄土高原变成肥沃良田这个远景

一般情况下，在动补短语当中，只有结果补语、趋向补语、情态补语构成的动补短语可以充当定语。结果补语和趋向补语构成的动补短语充当的是限定性定语，情态补语构成的动补短语充当的是描写性定语。比如：

（33）别人十几分钟做完的作业，他要两个小时才能做完。

（34）他转身对走进来的妻子说："你看，他睡着了。"

（35）我们不觉又进了一座新院，只见草席上堆着洗得干干净净的红薯，箩筐里晒着金黄色的玉米和稻谷。

例（33）中画线的定语是结果补语构成的动补短语，例（34）中画线的定语是趋向补语构成的动补短语，例（35）中画线的定语是情态补语构成的动补短语。

10. 什么是描写性定语？

描写性定语的作用是描写和说明，有的学者也称为"描述性定语"。描写性定语主要着眼于所描写的对象本身，突出人或事物的特征，回答"什么样的"问题，使语言表达更加准确、形象、生动。描写性定语多由形容词性词语来充当，用来说明人或事物的状态、性质、质料、用途、来源、特点、职业等。从语义功能的角度看，描写性定语与限定性定语存在很多相同的类别，比如表状态、性质的；但描写性定语常常带有说话者的主观性，限定性定语所表述的相对较客观，二者的不同具体见第11问。

（一）描写性定语的语义分类

从语义功能的角度看，描写性定语具体分为如下几种：

1. 描写状态的

这类是比较典型的描写性定语。比如：

（1）绿油油的麦田一眼望不到边。

（2）整整齐齐的队伍走过大街。

2. 说明性质的

（3）这是一个很重要的会议。

（4）中国是**典型**的季风气候**国家**，除西部的青藏高原和云贵高原等地区外，全国大部分地区都受季风气候的影响。

3. 说明质料的

（5）这是一间**木头**房子。

（6）这是一座**钢筋混凝土**的桥。

4. 说明用途的

（7）这个**装工具**的箱子我很熟悉。

（8）**用来装修房子**的材料终于买齐了。

5. 说明来源的

（9）下面的引文均出自**这几篇文章**的论证部分。

（10）幼儿的成功感来自**自己**的成功、**成人**的肯定。

6. 说明特点的

（11）老马是个**雷厉风行**的人。

（12）他是个**急脾气**。

7. 说明职业的

（13）他是一位**铁路工人**。

（14）我们都是**研究人员**。

（二）描写性定语的语法结构分类

从语法结构的角度看，带有感情色彩的普通名词、状态形容词、拟声词充当的定语，一般是描写性的。比如：

（15）烫发会使头发更加秀丽俊美，让人更加有**青春**的活力。

（16）要想让**灰蒙蒙**的天空变得蔚蓝，必须首先从"汽车屁股"上动刀。

（17）入夜，工地上灯火通明，施工机械发出**轰隆隆**的声音。

形容词**重叠**以及其他复杂形式充当的定语，一般是描写性的。比如：

（18）在八倍望远镜里看久了，就把**碧绿碧绿**的大海和**瓦蓝瓦蓝**的天空混成一体。

（19）不少人家门口都蜷卧着**又高又大**的狼犬，气咻咻地伸着舌头。

朱德熙（1982）给出的形容词复杂形式包括以下几类：完全重叠式，如"远远儿、老老实实"；不完全重叠式，如"古里古怪、土里土气"；带后加成分的形容词，如"黑乎乎、乱哄哄、酸溜溜、灰不溜秋"；"煞白、冰凉、通红、鲜红、喷香、粉碎、稀烂、贼亮、精光"之类的状态形容词；以形容词为中心构成的短语，如"很大、挺好、那么长、又高又大"。

动词的重叠形式AABB式充当的定语，一般是描写性的。比如：

（20）走进森林公园，手扶着摇摇晃晃的吊桥往下看，清澈的溪水在沟壑间随意地流淌。

（21）大街上，来来回回的人群，那些身材高挑儿、体态婀娜的女子定会招来百分百的回头率。

动词性互文结构①形成的短语充当的定语，也属于描写性的。比如：

（22）她熟悉他们，听到他们走来走去的声音感到非常亲切。

（23）坐在对面的女友是经常在国内国外飞来飞去的人，见多识广。

在短语层面，数量短语与表示估测的词语结合充当的定语，也是描写性的。需要说明的是，这里的数量短语是表示对数量的主观估测，一般会在数量短语后添加"来、多、左右、上下"等（数词后面也可以直接跟"多"再接量词），或者数词用表示虚指的形式（如"十几、几十、一些"等）表达。比如：

（24）我要一条三斤多重的鱼。

（25）十米来高的树

（26）七十来岁的老人

（27）他转向那个四十岁上下的"难友"，问他是哪村人。

（28）十五六岁的孩子

（29）他翻阅了唐宋古籍，做了几十万字的笔记。

（30）大量的广告宣传，使一些人迷信于它的神奇功效，并产生依赖心理。

动宾短语、状中短语充当的定语，一般是描写性的。比如：

（31）后来，吃饭的人不断增加，她才要了一个帮手。

---

① 互文结构，指的是上下语义互相交错、互相补充来表达一个完整意思的结构，如"X来X去"类结构，其中"来"和"去"语义互相交错与补充，且"X来X去"的意思要整体来理解。

（32）现在来中国的<u>留学生</u>很喜欢学习中国的传统艺术、历史、哲学、语言等。

（33）<u>好漂亮的</u>蛋糕！

（34）旅馆的老板是个<u>很健谈的</u>人，总是和客人谈笑风生。

11. 限定性定语和描写性定语有什么区别？

把定语分为限定性和描写性的，只是从语义角度进行的大体分类，多数情况下并没有严格的分类标准。可以这么认为，限定作用和描写作用只是一种倾向性，二者之间不是非此即彼的完全对立关系，限定性定语也可以有描写作用，描写性定语也可以有限定作用。比如，在"绿油油的麦田"中，"绿油油的"是典型的描写性定语，但它同时也限定这个"麦田"是"绿油油的"而非"金黄的"。有些词语的限定性或描写性作用是比较明显的，有些则不太明显。

（一）词语层面如何判定

在词语层面，比如形容词充当的定语，是表示限定还是描写，有时需要结合所修饰的中心语来确定。比如：

（1）用<u>绿（的）</u>颜色画春天，用<u>红（的）</u>颜色画旭日，用<u>朱红的</u>颜色画嘴唇，那他创造出来的东西是丑的。

（2）他走过去细看，里面坐着个顶可爱的小姑娘，<u>蓝眼珠儿</u>，<u>黑头发</u>，<u>红嘴唇</u>，粉脸蛋儿，脑后也戴着一对大眼镜儿。

例（1）中画线部分的中心语都是"颜色"，而"绿、红、朱红"是其下位词，这里充当定语的形容词只是起区分类别的作用，属于限定性定语；例（2）中画线部分的中心语分别是"眼珠儿、头发、嘴唇、脸蛋儿"，与表颜色的形容词"蓝、黑、红、粉"是非领属关系，这些颜色只是它们所具有的某种色彩，属于描写性定语。

有时还需要根据定中短语的具体句法位置，以及所处句子的语用特点来确定定语的类别。比如：

（3）那天，她身着红毛衣，满脸堆笑，主人的感觉溢于言表。

（4）去！叫你老婆穿上！她还套着红毛衣！

（5）台湾的冬天无雪却也苦寒，红毛衣和绿毛衣相伴会感到温暖。

处于宾语位置的定中短语，其中的定语属于哪种类型，需要结合句子的语用特点确定。例（3）的整个句子是描写性的，那么处于宾语位置的"红毛衣"的作用也在于描写，定语"红"属于描写性的；在例（4）中，"她还套着红毛衣"是说明性的，那么处于宾语位置的"红毛衣"的作用在于说明，定语"红"属于限定性的，其后可以添加"的"。在例（5）中，"红毛衣和绿毛衣"处于句子的主语位置，定语"红、绿"的作用在于限定，它们后面可以分别添加"的"。

需要说明的是，即使是次级的定语，如果处于主语位置，其作用也是限定性的。比如：

（6）联大是没有点名册的，他有时一上课就宣布："今天，穿红毛衣的女同学回答问题。"

在例（6）中，"红毛衣"中的"红"不是直接充当句子主语"同学"的定语，而是充当其定语"穿红毛衣的"的宾语中心语"毛衣"的定语。

同一词语，在不同的语境中属于不同类型的定语。比如：

（7）这时，对面走来一位穿红衣服的女孩儿。（描写性的）

（8）穿红衣服的那位女孩儿是刚进来的。（限定性的）

（9）这是一个紫红色的箱子。（描写性的）

（10）那个紫红色的箱子已经寄走了。（限定性的）

（二）短语层面如何判定

在短语层面，比如主谓短语充当定语时，若其中的谓语为动词和性质形容词，那定语一般为限定性的；若谓语为状态形容词，那定语一般为描写性的。比如：

（11）她在回避我，她心里一定藏着什么不愿意我知道的心事。

（12）我总会在她放假的时候，找一个阳光灿烂的日子，陪她去河边的岩石上画画儿。

（13）一个<u>面容苍老、头发雪白的</u>老年妇女出现在门口。

在例（11）中，"我知道的"属于限定性定语；在例（12）中，"她放假的"属于限定性定语，而"阳光灿烂的"属于描写性定语；在例（13）中，"面容苍老、头发雪白的"属于描写性定语。

当方位短语充当定语时，表示物理世界的为限定性定语，表示心理世界的为描写性定语。比如：

（14）要是你同意的话，我就拿走这<u>桌子上的</u>材料，以备将来调查时用。

（15）春风染绿大地，紫棠、连翘、丁香等竞相开放，<u>院子里的</u>假山、池塘给人带来一片温馨。

（16）每当看新闻，她总是在荧屏中寻找<u>自己心上的</u>人。

（17）她<u>心上的</u>那块石头落下来了：终于能够自食其力，能报国家和集体于万一了，也真能为乡亲们行一点方便了。

（三）限定性定语和描写性定语的区别

结合已有的研究成果和上文的分析，我们认为限定性定语和描写性定语的区别主要体现在以下五个方面：

1. 语法意义和表达功能不同

限定性定语具有区别作用，指明在同一类人或事物中是"这个"而不是"那个"。因此，当用这类定语修饰某人或某事物时，一定还有其他同类存在，说话者认为有必要或者必须加以区别。也就是说，限定性定语是指明"哪一个"，提问时一般用"哪个、哪些、哪天的、哪儿的、谁的"等等。

描写性定语的作用在于描写。使用这类定语时，说话者所着眼的是描写对象本身，而不考虑与其他同类人或事物的区别。也就是说，描写性定语指明是"什么样的"，一般用"什么样的、怎么样的"来提问。

2. 出现的文体不同

限定性定语多用于应用性文体，如说明文、议论文，很少用于文学文体；描写性定语，特别是复杂的描写性定语，主要出现在文学作品的叙述、描写中，对话中较少用，论说性文体中也很少出现。

3. 共现时所处的位置不同

限定性定语和描写性定语如果在同一个句子里出现，一般情况下，限定性定语在前，描写性定语在后。

4. 所修饰的中心语不同

限定性定语修饰的中心语所指代的事物总是确定的；描写性定语修饰的中心语所指代的事物可能是确定的，也可能是不确定的，可以是一般的或同类事物中的任何一个。比如：

（18）你昨天看的电影怎么样？

（19）教你们音乐课的老师是哪位？

（20）你可以给我介绍一个漂亮的女朋友吗？

（21）我们需要一位音乐老师，男女都可以。

例（18）、（19）中的"你昨天看的、教你们音乐课的"都是限定性定语，它们修饰的中心语"电影、老师"都是确定的；例（20）、（21）中的"漂亮的、音乐"都是描写性定语，它们修饰的中心语"女朋友、老师"都是不确定的。

5. 主客观属性不同

正因为限定性定语修饰的中心语所指代的人或事物的类别是确定的，描写性定语修饰的中心语所指代的人或事物的特征是描写性或说明性的，所以一般情况下，限定性定语倾向于表述客观性内容，描写性定语倾向于表述主观性内容。比如：

（22）当植物一到能够高度吸引昆虫的时候，花粉便会由昆虫按时从这朵花传到那朵花，于是另一个过程开始了。

（23）一个孩子却像一粒种子，你给它浇水，精心照看，它就会自己长成一朵漂亮的花。

在例（22）中，"这朵花、那朵花"中的"这朵、那朵"都表明"花"是客观存在的，是明确的；而在例（23）中，"一朵漂亮的花"是说话者的一个比喻，"花"非客观存在，"漂亮"表明说话者的主观感受。

12. 定语和中心语之间什么情况下必须使用"的"？

"的"是定语和中心语之间常见的一个成分，但它的出现并不是随意的。必须在定语与中心语之间用"的"的定中结构，如果不用"的"，它们的定中关系就不成立。必须用"的"的具体情况如下：

（一）当单个词语充当定语时

1. 分数、百分数

分数、百分数充当定语直接修饰中心语时，定中之间需要出现"的"。比如：

（1）头发在被吹干时会丧失<u>三分之一的水分</u>。

（2）全行业有<u>二分之一的单位</u>从事或参与了这类产品的开发、生产和经营。

（3）今年，<u>百分之七十的职工</u>加了工资。

（4）我们学校，<u>百分之八十的同学</u>是女生。

分数充当定语时也存在一些特殊情况，即后面修饰的为单音节中心语时，定中之间不可以出现"的"。比如：

（5）那牛皮纸信封是在给卡洛琳的一摞东西中，不过压在下面大约<u>三分之一处</u>。

（6）这些天，闹油荒闹的，每一个人在油箱只耗掉<u>四分之一时</u>就去加满油。

2. 疑问代词、指示代词

疑问代词"谁、怎样、怎么样、什么样"，以及指示代词"这样、那样"充当定语时，定中之间需要用"的"。比如：

（7）这是<u>谁的书包</u>？

（8）去中国西部旅游是<u>怎样的体验</u>？

（9）在中国生活，你是<u>怎么样的感受</u>？

（10）参加小王的生日，带<u>什么样的礼物</u>比较合适？

（11）他就是这样的好人！

（12）那样的朋友最好不要交往。

3. 人称代词

单音节人称代词"我、你、您、他、她、它"做定语修饰双音节的中心语时，一般情况下，定中之间需要出现"的"。比如：

（13）这里没有什么客观原因，这是他的问题？

（14）下次课再向同学们介绍一下你的情况吧。

当中心语为表称谓或单位名称的双音节词时，"的"可以出现，也可以不出现。比如：

（15）那位来找班主任的是他（的）妈妈。

（16）你（的）公司最近效益怎么样？

当中心语为表称谓或单位名称、家庭名称的单音节词时，"的"一般不出现。比如：

（17）就像我爸说的，这表示她已经离开了这个地方。

（18）你也不想一想，你妈会同意我们俩好吗？

但当中心语为表称谓或家庭名称的单音节词时，如果整个句子表感叹，定中之间则可以出现"的"。比如：

（19）我有我的家呀！我的爸呀！我的妈呀！我可没法儿跟您说清楚呀！

4. 名词

名词做定语表示领属关系时，其与中心语之间一般需要出现"的"，口语中有时可以省略。比如：

（20）这里就是小王（的）家。

（21）我见过妈妈（的）大学毕业照，特别漂亮。

5. 动词

动词充当限定性定语时，定中之间需要出现"的"。比如：

（22）生产率的提高改变了人们吃的方式。

（23）高等学校已经成为研究的重要基地。

（24）如果学生没有学习的要求，厌恶学习，懒于思考，心不在焉，缺乏学习的动力，教师讲的东西是不会变成学生的精神财富的。

6. 形容词

单音节形容词充当限定性定语时，定中之间最好出现"的"。比如：

（25）近处，一块块、一垄垄菜地里，绿的秧苗、青的黄瓜、红的草莓，多
　　　姿多彩，长势喜人。

（26）倡导适度规模，大有大的好处，小有小的优势，以经营灵活、效益好
　　　为标准。

另外，单音节形容词的重叠式、双音节及多音节形容词充当描写性定语时，
定中之间需要出现"的"。比如：

（27）仔细看那姑娘，只见一张鸭蛋形的脸盘儿，两道弯弯的细眉，映着一
　　　双秋水似的凤眼。

（28）鲁迅先生团起潮湿的纸，揉烂了，把它放进炉子里。

（29）在朦胧中，我眼前展开一片碧绿的沙地来，上面深蓝的天空中挂着一
　　　轮金黄的圆月。

（30）突然有谁一个猛子下去，浪花飞溅，水中露出红彤彤的脸庞……

（31）这天一早，我就背着那鼓鼓囊囊的挎包来到航测专用码头。

（32）通过对"卖茶难"问题的探讨，我们得出清清楚楚的结论，"卖茶
　　　难"关键在市场。

（二）当短语充当定语时

在短语层面，充当定语的短语后面大多需要加上"的"。具体有以下七种
类型：

1. 数量短语

当度量衡量词构成的数量短语充当定语时，这种数量短语多为表示说明、估
测的，定中之间必须出现"的"。比如：

（33）他买了一条三斤（重）的鲤鱼。

（34）一寸（长）的钉子买一两就成了。

（35）看起来他是一位二十岁（上下）的人。

（36）沉积物与海水搅拌在一起，以<u>19.1米的流速</u>向下运动，能量大，破坏力强，可将陆源物质搬运至深海。

（37）水发鱼唇用凉水洗净，切成<u>长10厘米、宽1.65厘米的条儿</u>，放入开水锅里氽一下儿，初步去掉腥味儿。

另外，数量短语的重叠式充当定语时，同样需要在重叠式后面加上"的"。比如：

（38）桌子上放着<u>一摞一摞的教材</u>。

（39）地上摆着<u>一筐一筐的西红柿</u>。

（40）<u>一趟一趟的火车</u>满载救助物资驶向灾区。

2. 状中短语

状中短语充当定语，特别是"程度副词＋形容词"充当定语时，定中之间需要出现"的"。比如：

（41）他是一个<u>很听话的孩子</u>。

（42）记录儿童学习语言的过程是考察语言与思维关系的一条<u>很好的途径</u>。

（43）在遵守公开、公正、公平的原则下为企业寻找<u>最好的、最适合的人才</u>。

（44）经过耐心调解，<u>一直高声喧哗的那些人</u>也慢慢散了。

这类短语也包括介词短语做状语所构成的状中短语。比如：

（45）<u>跟小王打球的人</u>是谁？

（46）<u>从口袋里掏出来的纸条</u>皱巴巴的。

3. 主谓短语

主谓短语做定语时，定中之间需要出现"的"。比如：

（47）三年过后，也在这座<u>桂花飘香的小院儿</u>里，响起了喜庆的鞭炮炸响声。

（48）<u>天气晴朗的日子</u>，山东胶州经济开发区的韩国商人喜欢隔海远望故乡仁川。

4. 连动短语

连动短语做定语时，定中之间需要出现"的"。比如：

（49）每天从早晨八点到下午两点，<u>来亭子打电话的人</u>有三四百。

（50）农历除夕来上海图书馆看书的读者达700人次，初一的读者仍达600人次。

5. 兼语短语

兼语短语做定语时，定中之间需要出现"的"。比如：

（51）她让我为每一位让她写信的人送上一只纸鹤，因为她是个不愿欠别人人情的女孩儿。

（52）全国现在有十几个地方在进行三江源自然生态环境研究，光请他参加的座谈会每年就有十五六次。

6. 成语、惯用语

成语、惯用语等固定短语做定语时，定中之间需要出现"的"。比如：

（53）我们看见餐厅里到处都是五颜六色的气球，舞台上挂着"祝你生日快乐"的横幅。

（54）他以前工作的时候就特别讨厌走后门的中人。

7. 紧缩短语

紧缩短语做定语时，定中之间需要出现"的"。例如：

（55）这小姑娘，是一位长得俊秀可爱且是个可以对话的朋友。

（56）他又不敢大声喊，怕惊醒白天做得劳乏、晚上躺下就睡着了的母亲。

13. 两个词语之间有"的"就一定是定中关系吗？

一般认为，典型的定语和中心语都是名词性的，"的"是定语和中心语之间的标志；然而也存在不少形式上类似定中结构，实际上是其他结构的短语，甚至不是任何结构的短语的情况。比较常见的有以下五类：

1. 形式上类似定中短语，实际上是主宾关系

（1）日子长了，凤英的丫鬟越演越有味道。

（2）王助理员说："谁的介绍人呢？"

（3）我要请石敢一块儿去，他的党委书记，我当厂长。

在例（1）～（3）中，"凤英的丫鬟、谁的介绍人、他的党委书记"中的"的"都可以用适当的动词替换，如分别可以用"演、是、当"替换。这些结构看起来同定中结构一样，但表达的却是主宾关系。其中，"的"后成分往往是表"的"前成分的身份、职业、角色、职务等，后者是前者在社会关系中所表现出的最直接、最显豁的身份角色特征，具有不可分离性，在口语中出现不会导致理解错误。这种结构的特点是：口语习用性强；可以独立成句，也可以作为一个独立的单位充当句子成分。

2. 形式上类似定中短语，实际上"的"前成分在意义上是谓语动词关涉的对象或施事

（4）明天放你们的假。

（5）叫小秦也可以，随你的便。

（6）即使同学们到校方去反映情况，讲他的坏话，学校把他开除他也不在乎。

在例（4）～（6）中，"你们的假、你的便、他的坏话"都不可以单独成立，需要与前面的动词"放、随、讲"一起使用。这类结构口语性强，多与离合词或惯用语有关，"的"在这里主要起增添音节、增强口语色彩的作用。比如：

劳你的驾	劳你驾	劳你大驾
受你的气	？受你气	受你闲气
帮我的忙	？帮我忙	帮我大忙
革他的命	？革他命	革他两辈子人的命

3."时量短语＋的＋名词"结构

在"动词＋时量短语＋的＋名词"结构中，"时量短语＋的＋名词"在形式上类似定中结构，但实际上时量短语是修饰前面动词的，对前面动词进行补充说明。比如：

（7）就这夜晚，整整写了一夜晚的信。

（8）多少年来，他每日总是在早六点钟起床，读两个小时的书。

（9）二十年前，我坐两天的汽车从老远的故乡来到这个陌生的城市读书。

在例（7）～（9）中，"一夜晚的信、两个小时的书、两天的汽车"在形式

上类似定中结构，但都不可以独立使用，需要与前面的动词"写、读、坐"一起使用。其中，后面的宾语"信、书、车"是动词支配的宾语，时量短语是补充说明这些动词的补语。

4. 同"是……的"有纠缠的结构

有些结构同"是……的"有一定关系，其中"的"与其前后词语表面上构成定中结构，有些仍属于定中关系，但有些实际上已是其他关系。这又可以分为以下三类：

a. "是"不可以出现。比如：

（10）在庞涓大军围城之前，他进的城。

（11）你先背后骗的我，我不得不报复。

b. "是"可以自由隐现。比如：

（12）他（是）十九岁那年考上的大学。

（13）我（是）在网上买的票。

c. "是"必须出现，属于"是……的"句，但仍表达定中关系。比如：

（14）你最对不起的人，是你曾经欺骗的那个女孩儿！

（15）他是有子女的人，跟你们这些单身汉不同，要多一份负担，多一份责任。

5. 形式上的"定语＋的＋中心语"

在"定语＋的＋中心语"结构中，有的定语是全句的修饰成分，即句子的状语。这种情况较为复杂，是一种处于边界状态的定语。比如：

（16）今天的相聚让人不是很欢快，但你应该感谢他陪你度过生命中的一天。

（17）我就这样带着一身伤痛离开了它，但或许明天的阳光会更加美好。

（18）刚刚的讨论并非说明了近代人文精神失落或被遮蔽的另一个重要原因。

在例（16）～（18）中，"今天、明天、刚刚"都可以视为所在句子的状语。把表时间的状语临时用作了小句主语部分的修饰语，由此形成的定中形式仍看作定中关系较为合适。

14. 定语和中心语之间什么情况下不能出现"的"?

有不少情况，由于定语和中心语关系密切，定中之间不可以出现"的"。常见的有以下三类情况：

1. 凡是定语与中心语组合起来成为一类事物的名称的，定中之间不能出现"的"

这类情况下，定语既可以是名词性词语，也可以是动词性或形容词性词语。具体如下：

a. 名词性词语充当的定语。比如：

历史问题　信息时代　语文老师　家居广场　文学教授　高科技产品

b. 动词性词语充当的定语。比如：

治疗中心　建筑工程　扩大会议　培训基地　流行音乐　管理委员会

c. 形容词性词语充当的定语，特别是词义相关或相反的形容词并列充当的定语。比如：

小事　高楼　好朋友　糊涂虫　红绿灯　冷热水　大小国家　新老朋友

d. 有些结构因为长期使用，关系紧密，已经近似一个词了，它们之间更是不能出现"的"。比如：

飞鸟　生肉　玻璃杯　水产品　招聘会　访问学者　户外活动　有氧运动

2. 数词或量词单独充当定语时，定中之间不可以出现"的"

这类情况下，数词单独充当定语修饰的中心语一般是指人或单位的，这是口语中对"个、位"等量词省略造成的；而量词单独充当定语，常见的是"个、点、些"等，这是口语中对"一"等数词省略造成的。比如：

（1）关节炎已列为世界头号致残性疾病。在美国，五人中就有一人确诊为关节炎。

（2）三月六日傍晚，三班两同学发现站台上有个黑挎包，里面有人民币八十三元。

（3）以上海、武汉、广州三城市中小学文化课教师为主要研究对象，进行问卷调查。

（4）做人要讲个"信"字，如果做不到就不要那么快做决定。

（5）我们过去没有经验，吃点亏、交点学费在所难免，只要学得聪明起来就是了。

（6）每当他们回来旅游观光，临别时总喜欢买些丁香鱼干分送侨居海外的菜友，他们说，丁香鱼是取其"可记故乡"之意。

另外，量词的重叠形式充当定语时，定中之间也不可以出现"的"。比如：

条条大路　座座青山　朵朵白云　门门功课　件件礼物　桩桩丑闻

一般类型的数量短语（即"数词＋量词"）充当定语时，无论前面是否出现指示代词，定中之间都不能出现"的"。比如：

一个笑话　一架飞机　三所学校　这一场辩论　那三次比赛

表序数的数量短语充当定语时，定中之间也不能出现"的"。比如：

首任校长　第一个节目　第一趟班车　第一次会议　第三届研讨会

3. 指示代词或疑问代词单独充当定语，以及这两类代词同量词组合充当定语时，后面不能出现"的"

（7）这人怎么这样呀？

（8）哪位老师教你们体育？

（9）你看的是什么书呀？

（10）他们班共多少位同学？

15. 定语和中心语之间有没有"的"一样吗？

结构助词"的"是定中结构的典型标志，定语和中心语之间加不加"的"，有些方面还是不一样的。

（一）定中结构之间"的"的作用

定中结构之间"的"的作用，一般表现在以下三个方面：

1. 用"的"才可以使定中结构成立

前面第12问我们集中讨论了必须在定语与中心语之间用"的"的情况，在这些情况下，如果不用"的"，定中结构是不成立的。

2. 区别定中结构关系与其他结构关系

有些结构中如果不用"的"，就容易被理解为其他结构关系，尤其容易与状中结构关系产生混淆，因此二者需要有对应的格式。比如：

a. 紧张的人们　　　　　　b. 紧张地劳动

其中，a式是定中结构关系，b式是状中结构关系。

3. 强调描写性或限定性

a. 红红的树叶　　　　　　b. 红树叶

其中，a式强调描写性，b式强调限定性。

从理论上讲，定中结构除去中间必须用"的"和不能用"的"的情况，其他都属于可出现"的"也可不出现"的"的情况；但在一定条件下也存在一些变化。比如，分数或百分数单独充当定语时，后面必须出现"的"；然而，当分数或百分数与中心语之间还有别的定语时，分数或百分数后面既可以出现"的"，也可以不出现"的"。比如：

（1）这一年全国<u>三分之一</u>（的）<u>省、市、自治区</u>的农民负担，都超过了国家规定的百分之五的"大限"。

（2）这是最近<u>四分之一</u>的<u>世纪</u>中最短的会议，因为它一共只占用了孩子们脱掉白罩衣所需的时间。

（3）到19世纪末，<u>百分之五十</u>（的）<u>东欧成年犹太人</u>主要靠救济过活。

（4）某钟表公司的总裁发觉该公司所生产的众多钟表模型之中，约有<u>三分之一</u>（的）<u>模型</u>的销售额只占总销售额的百分之四。

另外需要说明的是，在百分数中，由于"百分之百、百分百"已成为一个固定词语，它们的用法已不同于普通的百分数。

数词"一"与<u>重叠量词</u>搭配一起充当定语时，后面可以不用"的"，特别是在口语中。比如：

（5）她在<u>一条条</u>街道、<u>一座座</u>大楼中穿梭着，忙碌着。

（6）在一些山上或楼顶上，有时会出现<u>一个个银灰色的圆堡式建筑物</u>，它们在阳光下闪着银光。

也可以使用"的"，这会使定语的描写性更强，或者显得更正式。比如：

（7）赛场的西北部是一座并不高的小山丘，而东南部则是<u>一条条的高速公路</u>。

（8）我们完全有充分的理由相信，在他们的带领下就能够克服无数的艰难险阻，取得<u>一个个的胜利</u>！

数量短语的重叠式充当定语，当定中结构处于动词的宾语位置时，定中之间必须出现"的"；而处于主语位置或是介词"把"、动词"靠"的后面时，"的"的隐现相对自由。这里所说的数量短语，其中数词大多为"一"。比如：

（9）结合当地实际，就是既要看到<u>一个一个的具体事物</u>，又要看到它同其他事物的联系。

（10）<u>一件一件小事</u>累积起来就形成了大事。

（11）海藻拎着大包小袋回到屋里，<u>一件一件衣服</u>试过去。

（12）把<u>一碗一碗开水</u>递到快递小哥手里。

（13）没有主流价值引导，市场就靠"题材"驱动，就靠<u>一个一个"故事"</u>编织起难以把握的"神话"。

另外，数量短语的重叠式做定语用于对举的句子中时，定中之间不可以出现"的"。比如：

（14）作为工作重点，<u>一件一件事情</u>去完成，<u>一个一个问题</u>去解决，<u>一项一项任务</u>去落实。

（二）定中结构之间有"的"和无"的"的区别

定中结构之间既可以出现"的"，也可以不出现"的"，这两类情况还是有区别的，具体表现在以下几个方面：

1.用"的"和不用"的"，表示不同的语法关系

用"的"和不用"的"有相对的格式，这种相对的格式表示不同的语法关系。比如：

名词＋名词：学校出版社（联合）→学校的出版社（偏正）

父亲母亲（联合）→父亲的母亲（偏正）

动词＋名词：分配工作（动宾）→分配的工作（偏正）

研究问题（动宾）→研究的问题（偏正）

代词＋名词：我们学生（同位）→我们的学生（偏正）

上述不同的组合，用了"的"的全部表示偏正关系，而不用"的"的则可能表示联合、动宾、同位等各种关系，可见"的"的用与不用，具有区别的作用。下面的组合与上面的不同，中心语不再是名词，但用"的"和不用"的"同样有区别的作用。比如：

名词＋动词：资料查找（主谓）→资料的查找（偏正）

合同签订（主谓）→合同的签订（偏正）

名词＋形容词：情况特殊（主谓）→情况的特殊（偏正）

成绩优异（主谓）→成绩的优异（偏正）

另外，在下面的组合中，用"的"和不用"的"也具有区别的作用。

代词＋偏正短语：他黄头发（主谓）→他的黄头发（偏正）

她大眼睛（主谓）→她的大眼睛（偏正）

上述不同的组合，用了"的"的全部表示偏正关系，而不用"的"的则只能表示主谓关系。

2. 用"的"和不用"的"，强调的重点不同

用"的"和不用"的"有平行的格式，这种平行的格式表示的语法关系是相同的，都是偏正关系，但强调的重点有所不同。具体又分为以下两种情况：

a. 使用"的"之后，增加了前面定语的描写性。比如：

动词＋名词：广播节目→广播的节目（强调不是"以其他形式表演的"节目）

形容词＋名词：干净衣服→干净的衣服（强调不是"肮脏的"衣服）

区别词＋名词：优质皮鞋→优质的皮鞋（强调不是"其他质量等级的"皮鞋）

b. 使用"的"后，增加了前面定语的领属性。比如：

名词＋名词：中国历史→中国的历史（强调不是"外国的"历史）

名词＋名词：孩子脾气→孩子的脾气（强调一种"不成熟的"脾气）

名词＋名词：日本朋友→日本的朋友（强调"朋友是来自日本的"）

代词＋名词：他哥哥→他的哥哥（强调不是"别人的"哥哥）

定语和中心语之间用"的"和不用"的"的情况确实很复杂，上述只是概括了一个大致的情况。

3. 用"的"和不用"的"，所指内容不同

用"的"和不用"的"，定中短语所指内容不同。其中一类情况是没"的"同专有名词有关，这类定中短语主要由"处所（＋的）＋单位"构成。比如：

中国银行→中国的银行

北京大学→北京的大学

部分同位语也涉及这一问题。同位语前后两个成分相互修饰，其中后一成分为称谓语，二者中间如果加上"的"就变成领属关系了。比如：

（15）他是我们的班主任老师。→他是我们班主任的老师。

（16）赵刚主任刚才讲得很好！→赵刚的主任刚才讲得很好！

4. 用"的"和不用"的"，所处语体不同

用"的"和不用"的"，所处的语体不同。用"的"的，倾向于用在比较正式的语体中，书面语色彩较强；不用"的"的，倾向于用在较为随意的语体中，口语色彩较强。比如：

（17）我父亲让我来了，我父亲来不了，他病了呢，让我来拉点什么货。

（18）我父亲一直以为我只是一只眼睛失明，所以当他到了我床边以后，才知道我什么都看不到了。

（19）我对中国怀有的这种难以抗拒的感情和魂牵梦萦般的思念，是来自我的父亲。

在例（17）～（19）中，"我、父亲"之间既可以用"的"也可以不用"的"，但例（17）、（18）中不用"的"更自然，例（19）中用"的"更自然。可见，用"的"和不用"的"在语体层面是一个连续统。

从功能语言学的角度看，句法不是一个自足的系统，句法现象不能在句法系统内部获得充分的解释，因为句法现象的产生涉及语义、语用、认知各层面。所

以，局限在句法系统内部解释定中结构中"的"字的隐现必然捉襟见肘、难以圆满。王光全、柳英绿（2006）认为，"定中结构中'的'字的隐现问题是个十分复杂的问题，不能指望一条规则包揽一切，规则总是在一定的范围内有效。即便如此，也不能指望一条规则在它的使用范围内滴水不漏，因为语言由各种连续统构成，范围的边界总不是太分明。在这种情况下，我们只能采取先贤'不以例外而否认规律'的遗训，作尽可能的概括，目的无非是给对外汉语教学找到一条比较管用的、能够以简驭繁的规则"。

16. 定语后置有哪些情况？有什么作用？

定语移位，可以分为句法层面的移位和语用层面的移位两大类。句法层面的移位，与多项定语之间的排序相关，这在后面讲解多项定语的语序时再进行说明，这里先谈语用层面的。有时，语言使用者为了表达的需要，将定语与中心语分离，使定语发生移位或易位，产生定语后置或定语前置的现象，这属于语用层面的移位。

一、定语后置的情况

定语紧靠中心语，且位于中心语之前是现代汉语的基本语序。但有时为了修辞表达的需要，说话者会把定语移到中心语的后面。这种定语与中心语分离，且被置于中心语之后的语言现象被称为"定语后置"。

（一）定语后置的形式

1. 谓语位置上出现的名词性"X的"结构

谓语位置上出现的名词性"X的"结构，其语义指向前面的名词，不能直接做谓语。如果要做谓语，必须借助系词"是"；但加上"是"之后，句子同原来的意思差别很大，因此这里的"X的"结构具有"排谓性"，即唯定性。具体情况如下：

a. 双音节性质形容词＋的。这类情况比较常见。比如：

（1）这篇小说我小时候读过，小说的情节，主要的，还能记得。

b."最"类副词＋形容词＋的。"最"类副词包括"最、更、顶、太"等。比如：

（2）请给我拿来那件衣服，最贵的。

c. 非谓形容词＋的。非谓形容词又叫区别词，是指不可以充当谓语，只能做定语或者构成"的"字短语的形容词。这类词有"男、正、素、大型、超级、巨额、特等、慢性、袖珍、中式"等。这类定语后置现象可以表达为：中心语＋非谓形容词＋的。比如：

（3）她到年底就生了一个孩子，男的，新年就两岁了。

（4）只有一条隐格的针织涤纶西裤，女式的，包在塑料袋子里，平平整整的原装原样。

d. 动宾短语＋的。这类定语后置现象往往出现在主语指人的句子中。比如：

（5）那个女人，戴草帽的，不管走到哪儿都大惊小怪的，很讨厌。

e. 主谓短语＋的。这类定语后置现象相对其他类型不太常见。比如：

（6）高水平体育考生，文化课达到要求的，都可以参加这次复试。

2. "X的"短语连用构成的联合结构

"X的"短语连用构成的联合结构，可以分为以下两种情况：

a. 使用连词"和、跟、同、与、及"等连接"X的"构成的联合结构。其中，X如果是词，则前后X为同一词性；X如果是短语，则前后X为同一结构类型。比如：

（7）她谈论着这种男人的品质，好的和坏的，好像对这位得宠者身上的一切缺点都了如指掌。

（8）现在，他白天再也不露面了，因为记者什么人都认识，穷的和富的，高贵的和卑贱的，他无法在光天化日之下避开熟面孔。

（9）人们一下子全都跑了出来，这屋的和那屋的。

b. 不使用连词，名词性结构"X的"构成的联合结构。这类结构比较常见。比如：

（10）画报上一定登那么老大的<u>照片</u>，<u>我的</u>，<u>胡四的</u>，<u>我们的</u>……

（11）祥子把早已编好的<u>话</u>，<u>简单的</u>，<u>动人的</u>，说出。

（12）人类的高贵精神的辐射，填补了自然界的贫乏，增添了<u>景色</u>，<u>形式的</u>，<u>内容的</u>。

（二）不一定属于定语后置的形式

以下几类形式不一定属于定语后置：

1. 状态形容词及其重叠式＋的

a. 状态形容词＋的，如"碧绿的、雪白的、笔直的、火热的"等。

（13）草滩上的草很好，<u>碧绿的</u>，有牛羊在随意啃啮。

（14）小波走到树木后面一看，果然不远处便有个大<u>水龙头</u>，<u>碧绿的</u>，好像刚油饰好。

例（13）中的"碧绿的"是描写性的，可视为定语后置；而例（14）中的"碧绿的"可看作描写性的谓语，也可视为定语后置。

b. 双音节状态形容词重叠式＋的，如"雪白雪白的、碧绿碧绿的"等。

（15）栀子花全开了，雪白雪白的……

（16）我和索菲娅每天去逛一个老大的地方，满是<u>树</u>，<u>碧绿碧绿的</u>，他们管它叫公园。

例（15）中的"雪白雪白的"明显是谓语；例（16）中的"碧绿碧绿的"既可以认为是谓语，也可以认为是定语后置。

2. 性质形容词重叠式＋的

a. 单音节性质形容词重叠式＋的，如"红红的、尖尖的"等，位于所修饰的名词性成分后，不是定语后置。比如：

（17）远处角落里立着一座塔，粗粗的，矮矮的，正当着一个青青的小山峰。

（18）山坡上长满了草，绿绿的，嫩嫩的。

b. 双音节性质形容词重叠式＋的，如"孤孤单单的、干干净净的"等，位于所修饰的名词性成分后，不一定是定语后置。比如：

（19）万二喜穿着中山服，<u>干干净净的</u>，若不是脑袋靠着肩膀，那模样还真像是城里来的干部。

（20）中英文稿都整齐地摆放在那里，封面上印着精美图画，干干净净的，

　　　　于是我拿了一本带回来。

例（19）中的"干干净净的"说是定语后置，未尝不可，后置意在凸显"中山服"的状态；但例（20）中的"干干净净的"是在陈述"中英文稿"，同"封面上印着精美图画"一样，都是谓语成分。

c. 性质形容词后加重叠成分＋的，如"清亮亮的、黑苍苍的"等，位于所修饰的名词性成分之后，不是定语后置。比如：

（21）海平面上矗立起一片从来没有见过的山峦，黑苍苍的。

（22）初夏之夜，湖面上吹来的风格外惬意，软绵绵的，暖融融的。

例（21）中的"黑苍苍的"不能认为是定语后置，否则该句缺少谓语成分；例（22）中的"软绵绵的，暖融融的"与"格外惬意"一样，都是谓语成分。

3. "挺"类副词＋形容词＋的

这类副词包括"挺、怪、蛮、够"等。比如：

（23）我感觉这座城市的房价挺便宜的。

（24）屋里怪热的，到院子里坐会儿吧。

（25）你看我们的房间又干净又漂亮，蛮舒服的。

（26）我们的运气够好的。

"挺"类副词＋形容词＋的，在句中只能处于谓语位置，不可以充当定语。

4. 四字成语＋的

（27）他以前总是神志不清，没精打采的，现在却神色紧张，样子十分古怪。

（28）孙毛旦见许布袋脸色不好，垂头丧气的，眼圈熬得稀烂，以为白面没

　　　　收齐……

例（27）、（28）中的"没精打采的、垂头丧气的"都不处在定语位置上，而且也不能移到定语位置上，不属于定语后置。

5. 由"似的"构成的比况结构

由"似的"构成的比况结构，如"孩子似的、春天似的"等，都不是定语后置。比如：

（29）他只要一进家门，像补偿似的，什么活儿都干，拦都拦不住。

（30）有一种病叫"妻管严"，就跟我爸似的，我妈一吼他就害怕。

通过以上分析，我们可以看出：能够后置的定语，倾向于是限定性定语；就"X的"结构来说，有些虽然可以复位到中心语前，但其起的是描写性作用，一般不再视为定语后置。正因为如此，"性质形容词＋的"形式是否属于定语后置，要看具体情况。比如：

（31）在树丛中飞舞的萤火虫闪着光，柔和的，青绿的，把夜晚点缀得更加可爱。

（32）绳子上挂着女孩子们刚洗过的衣服，红的，花的，就像进了绸布店。

（33）房后河边上有许多好看的石子儿，红的、黄的、粉的。

（34）阳光浓浓地涂在他的鼻子上，鼻翼下是两片浓重的阴影，黑的。

结合上下文语境，我们可以判定例（31）、（32）中的"性质形容词＋的"属于定语后置；而例（33）、（34）中的"性质形容词＋的"既可以看作定语后置，也可以看作谓语成分。

需要注意的是，典型的限定性定语"X的"处于中心语后面时，也不一定是定语后置。比如：

a. 代词＋的，如：我的、你的、我们的。

b. 名词＋的，如：昨天的、新疆的、木头的。

以上形式能直接做谓语，不需要借助系词"是"，这种后置情况可以视为省略了主语的名词性谓语句；有些可以复位到所修饰的名词前充当定语，这种情况可以视为定语后置。比如：

（35）我看了本小说，长篇的。

（36）前边来了几个人，新疆的。

关于是否存在定语易位现象，如何鉴别定语易位，学界有不同的看法，存在较大的争议。根据已有的研究成果，判断某结构是否为定语易位有两个根本性的标准：可复位性，即该结构能够无条件地复位到紧靠中心语之前的位置；唯定性，即该结构在语法功能上只能做定语，没有做谓语、状语或者其他句法成分的可能。

二、定语后置的作用

一般来说，定语应放在中心语的前面；但在具体语境中，为了表达的需要，定语可以放在中心语的后面。定语后置在表达中所起的作用可以分为如下四种：

（一）补充说明或追加描写

后置定语常常是一种追加成分。根据所起的作用，后置定语又分为补充说明类和追加描写类，这同限定性定语和描写性定语的作用是一致的。

说话者在表达时急于或者着重于先传达某个信息，说完后又觉得需要对这个信息的某方面进行补充说明，以便对中心语做进一步的限定。限定性定语在后置时的作用，往往是使中心语的范围更加明确。比如，例（1）为了表达准确，或者让听话者对指称对象的辨认更准确，在中心语后补充"主要的"；例（2）中的"那件衣服"究竟是哪件衣服，听话者不清楚，所以说话者通过"最贵的"来进一步限定；例（5）中的"那个女人"究竟指哪一个女人，听话者也不清楚，所以说话者通过"戴草帽的"进一步限定。

说话者为了突出中心语的色彩义，故意把定语放在中心语的后面，以凸显中心语的实际状况。因此，描写性定语在后置时的作用往往是使中心语更加鲜明、生动。这类后置定语在形式上比较突出的是并列联合结构。比如：

（37）她一手提着竹篮，内中一个破碗，空的……

（38）我见过吃过各式各样的月饼，大个的，精致的，普通的，昂贵的，品种越来越多，制作越来越精致，却时时不得不被月饼所累。

例（37）不仅描写了"碗"是"破"的，更重要的是通过追加描写"空的"，突出"她"可能很饥饿的状态；例（38）通过并列联合结构的后置定语"大个的，精致的，普通的，昂贵的"对"月饼"进行进一步的描写，突出表现"月饼的各式各样"。

（二）凸显前文信息

定语后置能够使前面的信息和内容得到凸显和强调。作为后置定语，语音上应轻读，语义上不是强调的对象。如果定语不后置，前文信息过密，会分散语义焦点，前面的重点信息就无法突出。

（三）简化结构

当中心语前的定语为多层次的长定语时，说话者常采用部分后移的策略，以免定语结构冗长、信息安排过密，这样既不利于听话者理解，也不符合汉语多散句、流水句的表达习惯。

（四）避免重复

有时，同一句中有不同的中心语，它们由共同的定语修饰。为避免重复，说话者常把这个定语作为公分母提取出来后移。比如：

（39）看着那里的山，瞧着那里的水，清新的，秀丽的，你怎能不陶醉呢？

在例（39）中，"清新的、秀丽的"同时修饰前面的两个中心语"山"和"水"。为避免重复，说话者把它们后置于两个中心语后。

17. 定语前置有哪些情况？有什么特点和作用？

定语前置是指定语脱离紧靠中心语前的原有位置。定语前置也是一个存在争议的问题，陆俭明（1982）、邵敬敏（1987）等都不认可前置定语的存在，而潘晓东（1981），侯友兰（1999），温锁林、雒自清（2000）等认为存在前置定语。综合众位学者的看法，我们认为现代汉语中还是存在定语前置现象的，只是这种现象比较少见罢了。

一、定语前置的情况

（一）定语前置的形式

判断是否为定语前置的标准有两条：第一，可复位性，即前置定语能够无条件地复位到紧靠中心语前的位置；第二，唯定性，即前置成分没有做状语或者主语的可能。

　　根据已有的研究成果和搜集到的语料，我们发现定语前置仅有一种情形，即由"X的"构成的联合结构。比如：

　　（1）秋风一吹，院子里黄的，紫的，白的，开了好多好多菊花。

　　（2）我走进会场一看，墙上红的，绿的，蓝的，贴了那么多标语。

　　（3）昨天他妈，荤的、素的、香的、辣的，烧了满满一大桌菜。

　　（4）广阔的平原底下，横的，竖的，直的，弯的，人们挖了不计其数的地道。

　　（5）红的，黄的，粉的，房后河边上有许多好看的石子儿。

　　这类定语用于修饰谓语动词后的宾语，常位于主语后、谓语动词前，如例（1）～（3）；当主语形式短小时，也可出现在主语前，如例（4）、（5）。

（二）不属于定语前置的形式

　　下面两类前置的"X的"很难被视为定语前置，至少不能被视为典型的定语。

　　1. 动词前做状语的"X的"短语

　　（6）花也不很多，圆圆的排成一个圈，不很精神，倒也整齐。

　　（7）薛林二人也吃完了饭，又酽酽的喝了几碗茶。

　　（8）长长的打了一把宝剑。

　　（9）也给姑娘热热儿的倒一碗茶来。

　　（10）我一看，黑压压的挤了半屋子人。

　　（11）香喷喷的烧了一锅饭。

　　例（6）～（11）中的"X的"在句中都是做状语，缺乏唯定性。"X的"中的"的"都可以换为状语标记"地"，这也说明"X的"的定语属性已不明显。比如：

　　（12）他领了选票，在候选人姓名旁圆圆地画了一个圈。

　　（13）我自己又酽酽地倒了一杯苦茶端着……

　　2. 做主语的"X的"联合结构

　　（14）昨天我在小雪家做客，荤的、素的、香的、辣的摆了满满一桌子。

　　例（14）中的"X的"联合结构在句中充当动词"摆"的主语，缺乏唯定性。

二、定语前置的特点

定语前置的特点主要有以下两个：

在语音上，前置定语一定要重读，它跟后面成分之间有明显的语音停顿。前置定语在语音上重读，是因为它是说话者着意突出和强调的内容。比起后置定语，前置定语被强调的意味更浓。

在句法上，前置定语只限于"X的"所构成的联合短语，这类定语所修饰的成分一定是谓语动词后的宾语。定语前置后所处的位置常在主语之后、谓语动词之前；但主语形式短小时，前置定语也可出现在主语前。

三、定语前置的作用

定语前置在表达中主要起以下两方面的作用：

（一）强调前置定语指代的信息和内容

前置定语在语音上重读，是说话者着意突出和强调的内容。由于这种信息的超前摄入，听话者不能直接从其邻近的成分中推出这个前移成分的语义角色，那要追踪其语迹，听话者必然要投入更多的注意力，如例（4）。

（二）平衡结构

当紧靠中心语前的定语为多层次的长定语时，为避免结构冗长，说话者除了采用定语后置的策略以外，也可以将定语前置，这样可以在强调前置定语的同时平衡语句的结构，避免大肚子定语的出现，从而降低听话者的理解难度。

18. 什么是多项定语?

多项定语指一个中心语前有几项定语，这几项定语分别与中心语有修饰与被修饰的关系。比如：

（1a）一朵小红花

（2a）三个戴眼镜的短发女学生

（3a）那张沾满了咖啡渍的被撕掉了一个角的泛黄的旧电影票

在例（1a）、（2a）和（3a）中，中心语分别为"花""学生"和"电影票"，它们前面的成分均为定语，与中心语之间是修饰与被修饰的关系。我们可以用层次分析法对定语和中心语的层级进行划分。比如：

（1b）一朵　小　红花

（2b）三个　戴眼镜的　短发女学生

（3b）那张沾满了咖啡渍的被撕掉了一个角的泛黄的旧电影票

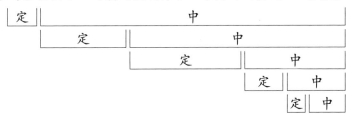

在例（1b）中，"花"为中心语，"一朵、小、红"依次充当"花"的定语；在例（2b）中，"学生"为中心语，"三个、戴眼镜的、短发、女"分别充当其定语；在例（3b）中，中心语"电影票"前的定语看起来较为复杂，但通过层次分析不难发现，"那张、沾满了咖啡渍的、被撕掉了一个角的、泛黄的、旧"依次充当了"电影票"的定语，对其进行限定和描写。

需要注意的是，在包含多项定语的定中短语中，每项定语分别与中心语有修饰与被修饰的关系；但是在一些相近形式的短语中，有些定语与中心语之间不是修饰与被修饰的关系，这样的多个定语不能称为"多项定语"。试比较下面两个短语：

（4a）我的绿色的写满汉字的练习册

（5a）我的哥哥的老师的书

在例（4a）、（5a）中，中心语分别为"练习册"和"书"，但两例中定语与中心语的关系有所不同，我们可以通过层次分析法来说明。具体如下：

（4b）我的 绿色的写满汉字的练习册

（5b）我的哥哥的老师的 书

在例（4b）中，中心语为"练习册"，"我的、绿色的、写满汉字的"分别充当其定语，它们为多项定语。而在例（5b）中，中心语为"书"，前面的定语分别为"我的""哥哥的"和"老师的"。从中心语出发进行分析，可以发现对"书"进行限定的定语只有"老师的"这一项，即"书"的领属者为"老师"，"书"与"我"和"哥哥"并无语义关联。进一步分析可知，"我的"是"哥哥"的限制定语，"哥哥的"是"老师"的限制定语。也就是说，在这一短语中，定语出现了多个不同的层级，前一层级的中心语为后一层级的定语。这种情况下的多个定语不是多项定语。

另一种需要加以区分的是联合短语做定语。比如：

（6）黑的白的红的黄的气球

在例（6）中，定语"黑的白的红的黄的"是联合短语，其内部在语法关系上属于同一层级，不能区分出更加细致的等级，这也不属于我们这里所说的多项定语。

可见，中心语前面的多个定语并非都是多项定语。在对多项定语进行判断时，我们首先应理清短语的中心语到底是什么，然后再对定语和中心语的关系进行分析。若每项定语分别与中心语有修饰与被修饰的关系，则为多项定语。多项定语之间有并列关系、递加关系、交错关系等。

19. 什么是并列式定语?

一般认为，并列式定语由两个或两个以上的定语构成，它们之间不分主次、并列地修饰同一个中心语。在表并列关系的多项定语中，多项定语的性质是相同的，都是描写性定语，或都属于同类的表示领属、时间、处所、范围等的限定性定语。比如：

（1）学校和学院的情况

（2）善良、乐观、活泼、开朗的人

（3）北京是中国的政治、文化、国际交往中心。

（4）禁牧是改善生态环境最简单、最有效、最快捷的方法。

在例（1）中，中心语为"情况"，定语分别为"学校（的）"和"学院的"，都是对"情况"的范围进行限定。在例（2）中，中心语是"人"，"善良、乐观、活泼、开朗"均是对"人"的描写。例（1）～（4）中的多项定语之间是并列关系，语法地位平等，不分主次。在并列式多项定语中，定语的位置可以相互交换，而且位置变换不会影响语义的表达。上述例句可以变换为如下形式：

（1'）学院和学校的情况

（2'）a. 乐观、开朗、善良、活泼的人

　　　b. 乐观、活泼、善良、开朗的人

（3'）a. 北京是中国的国际交往、文化、政治中心。

　　　b. 北京是中国的文化、政治、国际交往中心。

（4'）a. 禁牧是改善生态环境最有效、最简单、最快捷的方法。

　　　b. 禁牧是改善生态环境最简单、最快捷、最有效的方法。

对中心语而言，前面多项定语的修饰作用是相同的，它们同时修饰中心语的不同方面，变换位置后的语法意义不发生改变。

需要注意的是，在一些相似结构中，中心语前的成分是否为并列式多项定语

可能会存在歧义。比如：

　　（5）桌子和凳子上的书

　　（6）我和哥哥的朋友

　　例（5）可以有两种理解：第一种理解是"凳子上的书和桌子"。在这种理解中，中心语"书"的定语为"凳子上的"，仅有一项定语，"桌子"与"书"为并列关系。第二种理解是"桌子上的书和凳子上的书"。在这种理解中，"书"的定语有两个——"桌子上的"和"凳子上的"，二者构成并列式多项定语。同理，例（6）也存在两种理解。一是"哥哥的朋友和我"，"朋友"仅有"哥哥的"这一个定语。二是"我和哥哥共同的朋友"，即"朋友"既是"我的"也是"哥哥的"，此时"我（的）和哥哥的"为并列式多项定语。对于此类短语，我们应该结合上下文语境进行分析，也可以使用变换分析法、语义指向分析法等加以判断。

20. 什么是递加式定语?

　　递加式定语由两个或两个以上的定语构成，它们依次修饰后面的中心语，形成次第修饰关系。递加式定语之间不能用任何连词，书面上也不能用任何标点符号。下面我们用层次分析法来展示递加式定语之间的关系。

　　（1）我的老师的词典

　　在例（1）中，"我"和"老师"先构成定中短语，之后它们作为一个整体充当中心语"词典"的定语，"我"是定语"我的老师"中的定语，这样定语"我"与定语"老师"不在同一个层次上，二者形成逐层递加关系。

　　递加式定语还有一种逐层递减关系：

　　（2）小王的浅蓝的衬衫

　　在例（2）中，"浅蓝"和"衬衫"先构成定中短语，之后它们作为一个整体受定语"小王"的修饰，"浅蓝"是中心语"浅蓝的衬衫"中的定语，这样定语"小王"与定语"浅蓝"不在同一个层次上，二者形成逐层递减关系。有的学者把这类定语之间的关系称为"递归关系"，如崔应贤等（2002）。

在递加式多项定语中，各项定语的性质往往不同，既有限定性定语，也有描写性定语，多项定语分别从不同的角度对中心语进行修饰。比如：

（3）小橘灯发出的微弱的光温暖了我。

（4）昨天晚上警察打来的电话惊醒了我。

（5）墙边那把雕刻着精致花纹的红梨花木椅子价值不菲。

（6）女儿的卧室里床边的柜子抽屉里黑色小盒子中的金属钥匙……

在例（3）中，定语"小橘灯发出的"对中心语"光"进行限定，表示"光"的来源不是其他的光源而是"小橘灯"；定语"微弱的"对中心语"光"进行描写，表示"光"的强弱状态。在例（4）中，"昨天晚上"对"电话"的时间进行限定；"警察打来的"又对"电话"的来源进行了限定，使中心语"电话"的性质更为明确。同理，例（5）中的"墙边、那把、雕刻着精致花纹的、红梨花木"依次对"椅子"进行修饰。在例（6）中，前面的各项定语依次对"钥匙"进行限定和描写，如果多项定语的位置发生变化，短语的语义也会随之改变，如从"床边的柜子抽屉里"可知是"床头柜的抽屉"，若变换为"柜子抽屉里的床边"则会产生"抽屉里的小床模型旁边"等理解。可见，在递加式多项定语中，定语之间有主次之分，其顺序不能轻易发生变化。

在递加式定语中，同样也有些歧义短语需要注意区分。比如：

（7）两个朋友送的小花瓶

在例（7）中，"花瓶"前有多个定语——"两个""朋友送的"和"小"。在这几项定语中，"朋友送的"和"小"是修饰"花瓶"的定语，不会产生歧义。但是，"两个"这一定语却可以有不同的解读：一种解读是"两个"是"花瓶"的定语，即"两个花瓶"，此时"两个""朋友送的"和"小"构成"花瓶"的多项定语；另一种解读是"两个"是"朋友"的定语，即"两个朋友"，此时"两个""朋友送的"和"小"就不是多项定语。对于这种情况，学习者要多加分析。

21. 多项定语的基本排列顺序是什么?

当中心语前面有多项定语时，定语的排列问题便成为研究者和学习者关注的重点，这自然也是教学需要关注的。

关于多项定语的排列顺序，学界的研究已颇为丰富，如吕叔湘（1947），王力（1943 / 1944），丁声树、吕叔湘、李荣等（1961），朱德熙（1958）都专门探讨过。其中，丁声树、吕叔湘、李荣等（1961）指出，多重修饰语的顺序为：

领属性的修饰词 > 处所词和时间单位 > 主谓结构 > 动宾结构 > 形容词 > 非领属性名词 > 不用"的"的词语

黄伯荣、廖序东（2011）根据词语的语法性质，对多项定语的排列次序进行了较为系统的归纳：

表示领属关系的词语（表示"谁的？"）> 表示时间、处所的词语（表示"什么时候？""什么地方？"）> 量词短语或指示代词（表示"多少？"）> 动词性词语和主谓短语（表示"怎样的？"）> 形容词性词语（表示"什么样的？"）> 表示质料、属性或范围的名词、动词（表示"什么？"）

在前人研究的基础上，本问我们对汉语中多项定语的基本排列顺序进行简要的概括。

首先，根据定语的语法意义和对中心语的作用，定语可以分为限定性定语和描写性定语两大类。在汉语中，当限定性定语和描写性定语同时出现在中心语之前时，限定性定语通常位于描写性定语之前。比如：

（1）我的黑色皮鞋（领属 + 颜色 + 材质）

（2）校园里郁郁葱葱的树木（处所 + 性状）

在例（1）中，"我的"是表示领属的限定性定语，"黑色"和"皮"分别是表示颜色和材质的描写性定语。在排序上，表领属的限定性定语位于描写性定语之前。在例（2）中，"校园里"是表示处所的限定性定语，"郁郁葱葱的"是表示性状的描写性定语，限定性定语位于描写性定语之前。限定性定语之所以位于描写性定语之前，是因为二者的语法作用不同：限定性定语用于限制、说明中心语所指代事物的范围，限定性定语在前可以先对中心语的范围进行限定；描写性定语用于描写中心语所指代事物的性质、状态、特征、质料等，对中心语进行描写需要建立在先限定的基础上。

其次，在明确了两大类定语的先后顺序之后，再对这两类定语中小类的顺序进行进一步的区分。如果多项定语都是限定性定语，它们的排列顺序依次为：

表示领属关系的词语 > 表示时间、处所的词语 > 表示范围的主谓短语、动词短语、介词短语等 > 指示代词/数量短语

比如：

（3）他在北京的那个哥哥（领属 + 处所 + 指示代词）

（4）我昨天放在茶几上的笔记本（领属 + 时间 + 动词短语）

如果多项定语都是描写性定语，它们的排列顺序依次为：

表状态的词语 > 表形状的词语 > 表颜色的词语 > 表材质的词语 > 表功用的词语

比如：

（5）一件又肥又大的白麻布上衣（数量 + 形状 + 颜色 + 材质）

（6）一张崭新的圆木餐桌（数量 + 状态 + 形状 + 材质 + 功用）

此外，带"的"的定语总是倾向于放在不带"的"的定语前面，这不仅受到语义的制约，同时也受到韵律因素的制约。比如：

（7）明亮的大房子（状态 + 性状）

（8）设计师做满了标记的那一沓白色草稿纸（领属 + 动词短语 + 指示代词 + 颜色 + 功用）

将多项定语的小类综合起来，我们可以得出多项定语的顺序：

表示领属关系的词语 > 表示时间、处所的词语 > 表示范围的主谓短语、动词短语、介词短语等 > 指示代词/数量短语 > 表状态的词语 > 表形状的词语 > 表颜色的词语 > 表材质的词语 > 表功用的词语

比如：

（9）爸爸衣柜里的那件旧风衣外套（领属 + 处所 + 指示代词 + 状态 + 功用）

（10）他昨天带到办公室的那个崭新的黑色不锈钢保温杯（领属 + 时间 +
动词短语 + 指示代词 + 状态 + 颜色 + 材质 + 功用）

综上所述，在对多项定语进行排序时，从大的方面讲，限定性定语位于描写
性定语之前。具体来讲，表示领属关系的词语，表示时间、处所的词语，表示范
围的主谓短语、动词短语、介词短语等，指示代词 / 数量短语属于限定性定语，
在多项定语中的位置靠前；表状态的词语、表形状的词语、表颜色的词语、表材
质的词语、表功用的词语属于描写性定语，在多项定语中排序靠后。

22. 多项定语的排列顺序受哪些基本规则制约？

多项定语的排列顺序主要受到定语性质、信息量、与中心语的关系、音
节韵律等因素的影响，归根结底，均是由人类的认知造成的。下面我们将详细
说明。

首先，多项定语的排列顺序会受到定语性质的影响。在多项定语中，具有临
时性和容易改变特性的定语距离中心语较远，在汉语中位置靠前；而具有相对稳
固属性的定语距离中心语较近，在汉语中位置靠后。比如：

（1）崭新的红色铁盒

（2）一张很大的圆形木桌

在例（1）中，中心语"盒"前面有"崭新的""红色"和"铁"三个定
语。在这三个定语中，"崭新的"是盒子的状态，且这种状态容易发生改变，如
经过使用后，"崭新的铁盒"可能会变成"旧的铁盒、生锈的铁盒"等等；"红
色"是盒子的颜色，与新旧状态相比，颜色特征相对稳定一些；而"铁"是盒子
的材质，具有相对稳固的属性，难以发生变化，因此距离中心语最近，在语序
上最靠后。同理，在例（2）中，数量、大小、形状都是比较容易发生改变的特
性，而"木"这种材质属性不易发生改变，因此"一张、很大的、圆形"依次排
列在"木"之前。

其次，多项定语的排列顺序会受到信息量的影响。袁毓林（1999）从信息量

和认知处理策略的角度解释了汉语中多项定语的排列顺序。从语义聚合的角度考虑，对立项少的定语排在对立项多的定语之前；从信息论的角度解释后进一步发现，信息量小的定语排在信息量大的定语之前；随后又从信息加工难度和认知处理策略的角度进一步得出，容易加工的成分排在不易加工的成分之前。比如：

（3）现代汉语词典

（4）高级职业技术学院

从信息量的角度出发，在例（3）中，"现代"这一定语仅有"古代、当代"等较少的对立项，因而提供的信息量较小，在信息加工过程中难度较低，故排在前；而"汉语"这一定语的对立项则有很多，如"英语、法语、日语"等等，因此提供的信息量较大，在信息加工过程中难度较高，故排在后。同理，在例（4）中，"高级"的对立项较少，信息量较小，排在前；而"职业技术"的对立项较多，信息量较大，排在后。

另一个影响多项定语排列顺序的重要因素是定语与中心语的关系。前面我们说过，一般带"的"的定语出现在不带"的"的定语之前，这是因为带"的"的定语属于组合式定语，与中心语是临时组合，二者语义联系较为松散；而不带"的"的定语属于黏合式定语，其句法功能相当于一个单独的名词，与中心语联系较紧密，故带"的"的组合式定语出现在不带"的"的黏合式定语之前（朱德熙，1982；袁毓林，1999）。张敏（1998）也指出，表属性的定语大多有能力直接修饰中心语且可以省去后面的"的"，并指出促动这一形式特征的是认知语义上的因素，即这类定语多可充任中心语的规约分类指标，故定中之间的概念整合程度高，距离较小。表情状及表领属关系的定语都必须带"的"，促动因素同样是认知语义方面的，即这类定语表达的概念和中心语表达的概念之间距离较大，它们因不同的原因而不能充任中心语的规约分类指标：情状与事物之间的概念距离因其关系的不稳固性而较大，领属者与领属物之间的概念距离因各自的独立性而较大。总体而言，多项定语的语序符合距离象似原则，即定语与中心语之间的距离由其所表达的概念间的距离决定，分类属性和事物的概念距离比情状或一般属性更近，而显著的规约分类属性和事物的距离又近于一般的分类属性（张敏，1998）。

　　此外，多项定语的排列顺序还会受到音节韵律的制约。张斌（2010）认为，多项定语被切分为"2＋2"或"2＋3"的音节式更容易被接受。柯航（2011）通过考察汉语多项定语中单音节居首的定语移位制约情况，提出"语义松紧度接近原则"，发现居首的单音节定语与中心语的语义松紧度同后续定语和中心语的语义松紧度相差越小的越容易移位，反之则越难移位。比如，"大型汉语词典"不如"汉语大词典"更顺口，"北四川路"不如"四川北路"更顺口，这均是受到了音节韵律的制约。多项定语位置互换的基础是互换定语在多项定语排序中距离较近，与中心语的语义松紧度差别较小，互换位置后对中心语的内在稳定性影响也较小。

第二部分 外国学习者习得定语时常出现的问题

23. "小孩子的时候，她不喜欢看书"错在哪里了？

"小孩子的时候，她不喜欢看书"这句话是错误的，违反了"时候"前面的定语规则。该病句可改为：

（1）*小孩子的时候，她不喜欢看书。

　　　她（是）小孩子的时候，不喜欢看书。（改为事件小句）

"时候"常常以"……时候"的短语形式在句中做状语修饰主句，"时候"前面的定语一般由表示发生某种情况或行为的词语充当。下面我们具体分析一下"……时候"短语。

（一）"……时候"短语中定语的功能类型

"时候"是"成分词"（陆俭明，1994）。结合郎大地（1997）的分析，"……时候"短语中的定语根据功能可分为以下两类：

1.体词性词语

意义上表示时间、事实或事件，形式上一般可充任介词"在"的宾语。比如：

宋朝的时候　　傍晚的时候　　平常的时候　　封建社会的时候

辛亥革命的时候　　第一次世界大战的时候　　革命低潮的时候

这里所说的体词性词语，也包括指示代词、疑问代词和指量短语。比如：

这/那（个）时候　什么时候　任何时候

2. 谓词性词语

包括各类谓词、谓词性短语和主谓短语，意义上表示陈述。比如：

年轻的时候　　忙得焦头烂额的时候　　临散场的时候

（二）"……时候"短语中定语的语义类型

1. 定语是体词性词语时的语义

当定语是体词性词语时，定语一般表示共知的背景知识或特定的语境信息。比如"宋朝""傍晚"和"第一次世界大战"等，已被人们作为百科知识所熟知；而"平常"则需要依赖听说双方共享的语境信息来确定，如"平常"究竟指的是哪一段时间，是空闲的时候还是工作的时候。

当定语是指示代词、疑问代词或指量短语时，其语义也需要依赖语境提供的背景信息才可确定具体所指，如"这个时候"既可指当下的说话时间，也可指过去或未来的某个时间。

2. 定语是谓词性词语时的语义

当定语是谓词性词语时，定语一般不表示共知的背景知识，也无须依赖特定的语境信息，只需依赖字面意义和主句陈述即可确定，如"年轻的时候，我经常来玩儿"，"年轻"陈述的是"我年轻"。

（三）"……时候"短语和主从分句的关系

"……时候"短语经常作为状语从句修饰主句，主句一般是事实陈述句，因此从句定语一般也需具有陈述性，为主句提供特定的时间参照，从而在时间轴上定位，表示"同时"（郎大地，1997）；但有时从句定语不具有陈述性，"……时候"短语也可为主句提供同时参照功能，但较前者有所差异。

当定语为大众共知的背景知识或双方共享的语境信息时，"……时候"短语的时间定位性较强，而和主句的同时参照性较弱，因此在句法上相对自由，通常由体词性词语充当，且隐去"……时候"短语也并不影响对主句所述内容的时间定位。比如：

（2）宋朝的时候，毕昇发明了活字印刷术。

对比：毕昇发明了活字印刷术。

（3）辛亥革命的时候，袁世凯最终窃取了革命的胜利成果。

对比：袁世凯最终窃取了革命的胜利成果。

当定语涉及个人的信息、评价和观点时，由于缺乏共知的背景知识或共享的语境信息，"……时候"短语的时间定位性较强，和主句的同时参照性也被强化，环境、条件等变量的变化被凸显，主句陈述的事实与从句的环境条件的依存关系得以加强，句法上则表现为主句和从句共选谓词性成分进行陈述。比如：

（4）年轻的时候，她经常打篮球。

在例（4）中，从句中的"年轻"与主句中的"她"在语义上形成对应关系，即"她年轻的时候"，另一方面与"经常打篮球"形成同时关系，表示在同一时间段内发生的事情，从而与现在（"她已经年老"）相区别。

当"……时候"短语所陈述的为个人的信息、评价和观点时，为凸显与主句的同时参照功能，其定语主要由谓词性成分充当，以示对比。标题中的"小孩子的时候，她不喜欢看书"的主句"她不喜欢看书"陈述的是"她"的个人情况，因此从句定语需要以谓词性成分充当，不能由体词性成分"小孩子"来充当。

24. "高中生的时候，我每天打网球"错在哪里了？

"高中生的时候，我每天打网球"这句话是错误的，违反了"时候"前面的定语规则。该病句可改为：

（1）*高中生的时候，我每天打网球。

　　　a. 还是高中生的时候，我每天打网球。（改为省略人称主语的事件小句）

　　　b. 高中的时候，我每天打网球。（改为事件名词）

根据上一问我们所做的分析，例（1a）将定语成分谓词化，变为"还是高中生的时候"，这是因为"高中生"是一种身份，是涉及"我"的个人信息，为了凸显与主句所述"我每天打网球"的同时参照性，定语需要是谓词性成分。

本问我们重点讲另一种修改方法，即例（1b），将身份序列"小学生、初中生、高中生、大学生"中的"高中生"置换为学段序列"小学、初中、高中、大学"中的"高中"。与此类似，只要对下面例句身份序列中的名词进行对应的替换，句子全都变得合法。比如：

（2）*小学生的时候，我每天打篮球。

　　小学的时候，我每天打篮球。

（3）*初中生的时候，我每天打排球。

　　初中的时候，我每天打排球。

（4）*大学生的时候，我每天踢足球。

　　大学的时候，我每天踢足球。

身份序列名词不能进入"……时候"短语中，而学段序列名词却可以进入，后者与谓词性成分充当定语的规则是一致的。

（一）学段序列名词是事件名词

事件名词的判定是基于句法分布的，具体而言是通过事件结构测试法进行判定的。事件名词框架可以分为如下三类（韩蕾，2016）：

1. 体量化结构

可以用"一+动量词+名词"进行判定。比如：

（5）上一次小学／初中／高中／大学（*小学生／初中生／高中生／大学生）

2. 体介词（方位词）短语结构

可以用"（在+）名词+前（之前、以前）／后（之后、以后）"进行判定。比如：

（6）（在）小学／初中／高中／大学（*小学生／初中生／高中生／大学生）

　　前（之前、以前）／后（之后、以后）

3. 体动词谓语结构

可以用"名词+正在+虚义动词"进行判定。比如：

（7）？小学／初中／高中／大学（*小学生／初中生／高中生／大学生）正在进行

综合以上判定结果，身份序列名词不是事件名词，而学段序列名词是事件名词。

（二）学段序列名词与谓词性成分具有一致性

"……时候"短语的定语主要由谓词性成分充当，学段序列名词兼具述谓性与指称性，故学段序列名词进入"……时候"是合法的。只是二者在述谓性的强弱上有所区别：典型的谓词性成分由两个或两个以上的词语组合而成，如"还是高中生的时候"；而事件名词（非典型的谓词性成分）只由一个词充当，如"高中的时候"。

"高中"和"高中生"在"……时候"短语中的差异实质上分别受经济原则和代偿机制的影响。"高中"是事件名词，本身具有述谓性，受经济原则的影响，故无须借助其他即可进入"……时候"短语中；而"高中生"仅是一般名词，只具有名词的指称性而不具有述谓性，因此必须借助短语这一代偿机制才可进入"……时候"短语。

25. "吃饭的时，妈妈问我学校的情况"错在哪里了？

"吃饭的时，妈妈问我学校的情况"错在"时"不可以充当定中短语的中心语。陆俭明（1994）认为，"时"属于"时间词"范畴。"时间词"不是一个词类的概念，而是表示那些能够表达时间的词语。"时"的语法功能主要表现为：第一，"时"前面不能有用结构助词"的"连接的定语；第二，"时"具有很强的黏着性，一般不单独使用，而是跟在名词性成分或者谓词性成分后面，构成"NP时"或者"VP时"，如"童年时、听歌时"。因此，该句可以改为"吃饭时，妈妈问我学校的情况"；或者保留此处的"的"，改为"吃饭的时候，妈妈问我学校的情况"。

这种偏误的产生，很明显是因为学习者没有区分清楚"时"和"时候"的语法功能。"时"和"时候"虽然都能和其他词语构成定中结构，但还是有很多不同之处，总结如下：

第一，"时"前面不能有用结构助词"的"连接的定语，因为其具有很强的黏着性，不能单用，所以它要直接依附在其他成分的后面。比如：

（1）大学时

*大学的时

（2）三年级时

*三年级的时

（3）读书时

*读书的时

（4）看电影时

*看电影的时

"时候"在定中结构中往往和前面的名词性或谓词性成分共同构成一个短语，且两者之间必须要加"的"，表示为"NP的时候"或"VP的时候"。比如：

（5）高一的时候

*高一时候

（6）假期开始的时候

*假期开始时候

（7）找工作的时候

*找工作时候

（8）上大学的时候

*上大学时候

第二，"时"和"时候"在与其他成分构成定中结构时，其前都可以加上相应的结构助词。但是，"时"前的结构助词只能是"之"，这种表达方式具有较浓的书面语色彩；而"时候"前的结构助词只能是"的"。比如：

（9）毕业之时

*毕业的时

（10）叛逆之时

*叛逆的时

（11）临死之时

*临死的时

（12）去年秋天的时候

　　　*去年秋天之时候

（13）每当回家的时候

　　　*每当回家之时候

"时"和"时候"是日常交际中使用频率较高的两个词，同时也是外国学习者常用的词。在英语中，表达"时"和"时候"的语义时都可以用"when"引导的时间状语从句，这就容易让英语母语者误认为二者没有区别，从而出现误用偏误。这就要求教师在教学中要尽最大努力去帮助学生避免受母语负迁移的影响。教师应该着重讲解"时"不能出现在带结构助词"的"的定中结构中，并通过大量举例和句型操练，引导学生归纳总结"时"和"时候"在用法上的区别。

26. "这的人很友好"错在哪里了？

"这的人很友好"错在"这"后加了"的"，可以改为"这人很友好"，也可以改为"这儿的人很友好"或"这里的人很友好"。这类偏误涉及指示代词充当定语的问题。指示代词充当定语，有如下两类情况：

（一）单音节指示代词充当定语

单音节指示代词有"这、这儿、那、那儿、哪、哪儿"，它们都可以做定语。其中，"这儿、那儿、哪儿"充当定语时的用法与双音节指示代词"这里、那里、哪里"等类同；"哪"一般不能单独充当定语；"这、那"单独充当定语时，定中之间不可以出现"的"[①]。比如：

（1）这人　这事儿　这房子

（2）那人　那事儿　那房子

[①]　有人认为"这"单独充当定语时，与中心语之间可以加"的"，如"这的人"，其实这种情况的可接受度非常低，如"这的人"在北京大学 CCL 现代汉语语料库中只有 2 例，且其中 1 例出自《红楼梦》，因此这种情况可以忽略。

"这、那、哪"与量词构成指量短语充当定语时，一般情况下，定中之间不可以出现"的"。比如：

（3）这件事儿　*这件的事儿

　　　这间屋子　*这间的屋子

（4）那件事儿　*那件的事儿

　　　那间屋子　*那间的屋子

（5）哪件事儿　*哪件的事儿

　　　哪间屋子　*哪间的屋子

当"这、那"与带有明显感情色彩义的量词（如"类、号"等）组合充当定语时，"的"可以自由隐现，但相对来说，不出现"的"的情况较多。比如：

（6）用这号人，我不放心。

　　　用这号的人，我不放心。

（7）世界上哪有那号人？

　　　世界上哪有那号的人？

（8）这类人应该多做有氧运动，以消耗脂肪。

　　　这类的人应该多做有氧运动，以消耗脂肪。

（9）你的眼睛骗不到我，而且你虽然粗鲁一点，却不像那类人。

　　　你的眼睛骗不到我，而且你虽然粗鲁一点，却不像那类的人。

（二）双音节及以上的指示代词充当定语

双音节及以上的指示代词有"这个、那个、哪个、这会儿、那会儿、哪会儿、这里、那里、哪里、这些、那些、哪些、这样、那样、哪样、这阵儿、那阵儿、这么、那么、这么点儿、那么点儿、这么些、那么些"等。这些代词均可以单独充当定语，但单独充当定语时，又有如下三种情况：

1.有些定中短语之间需要出现"的"

这类代词有"这样、那样、这里、那里、哪里、这会儿、那会儿、这阵儿、那阵儿"等。比如：

（10）这样的条款很难起到大的作用。

（11）老李不是<u>那样的人</u>。

（12）<u>这里的饭菜</u>很好吃。

（13）<u>这会儿的天空</u>好美啊！

（14）<u>那阵儿的雨</u>下得好大呀！

当"这样、那样"后面不出现"的"时，其后常跟由"一"构成的数量短语。比如：

（15）他提出<u>这样一个话题</u>来：语言是怎样变化的？

（16）我其实并不是他心目中所想的<u>那样一个人</u>。

2. 有些定中短语之间不能出现"的"

这类代词有"这么、那么、这么点儿、那么点儿、这么些、那么些"等。其中，"这么、那么"修饰的中心语一般为动量短语或时量短语。比如：

（17）我就练过<u>这么两次</u>，还不熟。

（18）看了<u>这么一眼</u>，心里就明白了。

（19）咱们也要栽上<u>那么几种</u>。

3. 有些定中短语之间"的"可隐可现

这类代词有"这个、那个、哪个"等，充当的定语一般为表示领属的限定性定语。比如：

（20）他仍然那么笑哈哈地摸摸<u>那个（的）头</u>，拉拉<u>那个（的）手</u>。

（21）李队长站起身来到士兵面前，拍拍<u>这个（的）肩膀</u>，整整<u>那个（的）衣领</u>，为大家鼓劲。

如果充当的定语不是表示领属的，那么其后一般不能出现"的"。比如：

（22）你看！<u>那个人</u>今天怎么啦？

27. "这的两种面包很好吃"错在哪里了？

"这的两种面包很好吃"错在"这"后加了"的"，应改为"这两种面包很好吃"。上一问我们重点讲了指示代词充当定语的问题，本问我们重点讲一下指量短语充当定语的问题。

上述偏误句中的定语是由指示代词"这"和数量短语"两种"构成的指量短语，两者关系紧密，中间不需要加"的"。比如：

（1）这几个问题

　　　*这的几个问题

（2）那三天时间不算工资吗？

　　　*那的三天时间不算工资吗？

（3）这五件好事解除了许多职工生活上的后顾之忧。

　　　*这的五件好事解除了许多职工生活上的后顾之忧。

（4）我写这（一）封信是为了告诉你们我的想法。

　　　*我写这的（一）封信是为了告诉你们我的想法。

学习者在充当定语的指量短语中加上"的"这一偏误表明他们并没有完全掌握指量短语。在"这两种面包"中，指示代词"这"和数量短语"两种"处于同一层级，是并列地修饰名词"面包"的，表示限定关系，两者关系紧密，中间不需要出现"的"。

指量短语不像数量短语那样简单，学习者对该结构中的指示代词会难以把握。当定语变得复杂时，他们会机械地认为要加"的"，这也是受到目的语知识负迁移的影响，即学习者会把他所学的有限的目的语知识不恰当地类推到目的语新的语言现象上。

学习者在学习指量短语前，一定要先掌握好数量短语。这就要求教师要留意学生对数量短语的习得情况。在掌握好数量短语的基础上，教师再循序渐进地引出指量短语，并通过大量的练习，引导学生归纳总结指量短语做定语时的规则，以加深他们的印象，同时也可以避免目的语规则泛化而产生的偏误。

另外，学生在习得定中结构时会机械地记住相关规则，但难以综合运用、融会贯通。所以，教师要引导学生不要只关注结构的表面形式，还要学会从语义层面理解句子。比如"这两种面包很好吃"，"这、两种"在结构上各司其职，在语义上却是联合起来一起限制后面名词的范围的。

28. "这是我们班最好学生"错在哪里了？

"这是我们班最好学生"错在"最好"和"学生"之间遗漏了"的"，应该改为"这是我们班最好的学生"。该句的层次分析如下：

（1）这 是 我们班 最好的 学生。

在例（1）中，"我们班最好的学生"是宾语。宾语的中心语"学生"前有两项定语，分别为"我们班"和"最好"。第一项定语"我们班"也是一个定中结构的偏正短语，复数形式的人称代词"我们"修饰处所名词"班（级）"，中间不需要加"的"。"最好的学生"是另外一层定中结构，中心语是名词"学生"，程度副词"最"和单音节性质形容词"好"构成形容词性短语做定语，此时，一定要在中心语前加"的"。当"程度副词＋性质形容词"做定语时，中心语前一定要加"的"，具体有如下几种情况：

1."最、极"等单音节程度副词＋性质形容词

"最、极"等单音节程度副词可以搭配性质形容词做定语，对中心语进行描写，中心语前一定要加"的"。比如：

（2）<u>最笨的</u>狗也能坐着看守。（最＋单音节性质形容词）

　　*最笨狗也能坐着看守。

（3）他是701<u>最宝贵的</u>人。（最＋双音节性质形容词）

　　*他是701最宝贵人。

（4）<u>极冷的</u>小风吹着他的脸。（极＋单音节性质形容词）

　　*极冷小风吹着他的脸。

（5）那些<u>极平凡、极普通的</u>芦苇厂（极＋双音节性质形容词）

　　*那些极平凡、极普通芦苇厂

2."格外"等双音节程度副词＋性质形容词

"格外、非常、稍微、比较"等双音节程度副词也可以搭配性质形容词做定

语，对中心语进行描写，中心语前一定要加"的"。比如：

　　（6）一条格外大的鱼　　格外高的碘含量（格外＋单音节性质形容词）
　　　　*一条格外大鱼　　　*格外高碘含量

　　（7）格外诱人的香味　　格外和谐的色彩（格外＋双音节性质形容词）
　　　　*格外诱人香味　　　*格外和谐色彩

　　（8）非常好的主意　　　非常差的条件（非常＋单音节性质形容词）
　　　　*非常好主意　　　　*非常差条件

　　（9）非常丑陋的面容　　非常可怕的事情（非常＋双音节性质形容词）
　　　　*非常丑陋面容　　　*非常可怕事情

　　（10）稍微年轻的男士　　稍微严厉的口气（稍微＋双音节性质形容词）
　　　　*稍微年轻男士　　　*稍微严厉口气

　　（11）比较笨的方法　　　另一个比较瘦的女人（比较＋单音节性质形容词）
　　　　*比较笨方法　　　　*另一个比较瘦女人

　　（12）泱泱大国给了我一种比较年轻的心态。（比较＋双音节性质形容词）
　　　　*泱泱大国给了我一种比较年轻心态。

　　3."有点儿"等双音节程度副词＋性质形容词

　　"有点儿"等双音节程度副词同样可以搭配性质形容词做定语，对中心语进行描写，中心语前一定要加"的"。比如：

　　（13）有点儿宽的毛衣　　有点儿斜的眼睛。（有点儿＋单音节性质形容词）
　　　　*有点儿宽毛衣　　　*有点儿斜眼睛

　　（14）露出海面的珊瑚没入了有点儿吓人的海。（有点儿＋双音节性质形容词）
　　　　*露出海面的珊瑚没入了有点儿吓人海。

　　副词的主要语法功能是充当状语，程度副词最常见的用法也是充当状语，如可以直接修饰形容词或者添加结构助词"地"后修饰动词。一般来说，副词不能够充当定语，但是程度副词可以搭配形容词构成形容词性短语做定语，因此当遇到程度副词后跟形容词时，我们需要进行句法分析，只有在搭配形容词做定语时，其后才需要添加结构助词"的"。

29. "对大部分人来说，旅游是一件有趣事"
错在哪里了？

"对大部分人来说，旅游是一件有趣事"错在"有趣"后面遗漏了"的"，
应该改为"对大部分人来说，旅游是一件有趣的事"。该句的层次分析如下：

（1）对大部分人来说，旅游 是 一件有趣的事。

其中，"旅游"是主语，"一件有趣的事"是宾语，谓语由判断动词"是"
充当。宾语中存在一个定中结构，宾语中心语是单音节名词"事"，其前有两项
定语。"一件"是第一项定语，是数量短语，用来限定中心语的数量，修饰中心
语时后面一般不加"的"。"有趣"是第二项定语，用来描写事物的性状，其后
一般需要加"的"。

形容词常做定语，主要用来修饰名词。单音节形容词做定语，通常情况下后
面不加"的"。本问我们主要分析一下双音节形容词和单音节形容词的重叠式做
定语时的相关规则。

1. 双音节形容词做定语

双音节形容词做定语时，通常情况下后面都要加"的"，尤其是一些描写状
态的形容词。比如：

（2）伟大的人　　　　　碧绿的水（双音节形容词＋单音节中心语）

　　＊伟大人　　　　　＊碧绿水

（3）阴冷的天气　　　　简易的午饭（双音节形容词＋双音节中心语）

　　＊阴冷天气　　　　＊简易午饭

少数双音节形容词做定语时，后面可以不加"的"。比如：

（4）聪明人　　　　　　陌生人 （双音节形容词＋单音节中心语）

　　聪明的人　　　　　陌生的人

（5）便宜货　　漂亮话儿　　糊涂虫（双音节形容词＋单音节中心语）

　　便宜的货　*漂亮的话儿　*糊涂的虫

（6）危险人物　　传世珍宝　　珍稀动物（双音节形容词＋双音节中心语）

例（4）～（6）中的大部分定中短语已经成为固定短语，多表示带有这种特征的一类人或物，有些已经带有修辞色彩。如果定中之间加上"的"，短语就会丧失修辞色彩，语义发生变化。比如，例（5）中的"便宜货"既可以表示价钱较便宜或费力较少获得的某件东西，还可以表示"假货"，而"便宜的货"则只表示"价钱低的货物"；"漂亮话儿"指的是"说得好听而不兑现的话儿"，加上"的"之后语义则不通；"糊涂虫"用来比喻"浑浑噩噩、不明事理的人"，"糊涂的虫"则没有这种修辞色彩。

2.单音节形容词的重叠式做定语

单音节形容词的重叠式做定语时，有描写的作用，一般带有喜爱的感情色彩，其后一般加"的"。比如：

（7）小小的脸蛋儿　大大的眼睛　弯弯的眉毛　白白的手绢

综上，双音节形容词做定语，其后通常要加"的"。学生在使用双音节形容词做定语时遗漏"的"，可能是受到单音节形容词的影响，因为单音节形容词做定语时后面一般不加"的"，学生会将单音节形容词做定语的规则类推到双音节形容词上。随着教学的推进，教师要适时强调这一点。

30. "她对这么小事情生气了，我觉得莫名其妙"错在哪里了？

"她对这么小事情生气了，我觉得莫名其妙"错在"这么小"后边遗漏了结构助词"的"，应改为"她对这么小的事情生气了，我觉得莫名其妙"。这是一个复句，第二个分句没有问题，错误出现在第一个分句中。对第一个分句进行层次分析，结果如下：

（1）她　对 这么小的事情生气了。

　　问题出现在定中短语"这么小的事情"上。"这么小"是一个状中短语，属于描写性定语，后面一般要出现"的"。介词短语、状中短语、定中短语、动宾短语、主谓短语、中补短语做定语修饰名词中心语时，定中之间需要出现"的"。比如：

（2）对艺术的看法（介词短语＋名词）

　　*对艺术看法

（3）这么小的事情（状中短语＋名词）

　　*这么小事情

（4）刚回来的乔伊（状中短语＋名词）

　　*刚回来乔伊

（5）很大的教室（状中短语＋名词）

　　*很大教室

（6）她母亲的姓（定中短语＋名词）

　　*她母亲姓

（7）展示作品的房间（动宾短语＋名词）

　　*展示作品房间

（8）他们吃剩的饼（主谓短语＋名词）

　　*他们吃剩饼

（9）剩下的白面（中补短语＋名词）

　　*剩下白面

　　例（3）可能会引起误解，因为单音节形容词"小"单独修饰"事情"时，可以不加"的"；但在这句话中，单音节形容词"小"已经与代词"这么"构成了状中短语，二者整体作为形容词性短语来充当定语，修饰中心语"事情"，因此必须在定语和中心语之间加"的"。

在修饰名词的定语当中，形容词性词语（包括形容词性短语）充当定语，后面加不加结构助词"的"涉及句法、语义和语用等方面，规则较复杂。常见的权威汉语工具书和面向对外汉语教学的语法工具书都将这个问题与音节的多少联系在一起，认为单音节的形容词后不用加"的"，而双音节的形容词后要加"的"。其实，根据定语的音节数量来判断定语后加不加"的"不具有实用性。外国学习者在习得这一语法点时，如果单单掌握这一条规则，就可能会因为规则泛化而出现"的"的遗漏，说出如"她对这么小事情生气了"这样的病句。在教学时，教师不仅要讲清楚音节数量对加"的"和不加"的"的影响，还要向学生强调形容词性短语做定语后面必须加"的"这条规则。

31. "穿红衣服是我妹妹"错在哪里了？

"穿红衣服是我妹妹"错在"穿红衣服"后面遗漏了"的"，应改为"穿红衣服的是我妹妹"。该句的层次分析如下：

（1）穿 红 衣 服 的 是 我 妹妹。

例（1）中的主语应该是"穿红衣服的（那个人）"，由结构助词"的"附着在动宾短语"穿红衣服"后面构成的"的"字短语来指称，"的"是"的"字短语的标志，不能缺少。"的"字短语指称定中结构，但中心语又不出现，这类情况可以视为中心语的省略。

"的"字短语由两部分构成：前一部分是词或短语，后一部分是助词"的"。所有的"的"字短语都属于名词性短语，在句中一般充当主语或者宾语。比如：

（2）开车的是他哥哥。（做主语）

　　*开车是他哥哥。

（3）<u>端盘子的</u>是外国人。（做主语）

　　*端盘子是外国人。

（4）<u>来吃饭的</u>都是我的孩子。（做主语）

　　*来吃饭都是我的孩子。

（5）我们这儿专拿<u>戴眼镜的</u>开涮。（做宾语）

　　*我们这儿专拿戴眼镜开涮。

（6）我不是打发<u>要饭的</u>。（做宾语）

　　*我不是打发要饭。

（7）徐秋斋和那个<u>卖菜的</u>说了说。（做宾语）

　　*徐秋斋和那个卖菜说了说。

　　例（2）中的"开车的"是指"开车的人"，这里特指某个人；例（3）中的"端盘子的"是指"端盘子的人"，这里概指某一类人；例（4）中的"来吃饭的"是指"来吃饭的孩子"；例（5）中的"戴眼镜的"是指"戴眼镜的这类人"；例（6）中的"要饭的"是泛指"要饭的乞丐"；例（7）中的"卖菜的"是与指量词"那个"一起特指"那个卖菜的人"。这些都是谓词性词语加"的"构成的名词性短语，只是在上述句子中，"的"后面的名词性成分"人、孩子"等被省略了。

　　"的"字短语可根据"的"字前的成分，分为以下几类：

1. 名词性词语＋的

（8）<u>玻璃的</u>容易碎。（做主语）

（9）这本书是<u>我的</u>，那本才是<u>你的</u>。（做宾语）

（10）<u>蛋黄的</u>比<u>鲜肉的</u>好吃。（做主语、宾语）

2. 谓词性词语＋的

（11）<u>跷二郎腿的</u>是我姐姐。（做主语）

（12）<u>戴口罩的</u>是我朋友。（做主语）

（13）这些老师都是<u>教语文的</u>。（做宾语）

3. 主谓短语＋的

（14）<u>她在乎的</u>是你心里有没有她。（做主语）

（15）这些学生是<u>我选拔的</u>。（做宾语）

（16）高情商是<u>面试官最喜欢的</u>。（做宾语）

4. 表区别性的词语＋的

所谓表区别性的词语，指的是表示事物分类或区别事物特征的词语，又叫"区别词"。表区别性的词，如"男、女、公、母、正、副、金、银、有机、无期、多维、单色、公共、国有、初级、大型"等；也有一些相对固定的短语，如"非本质、多民族、国际性"等。比如：

（17）<u>初级的</u>都来了。（做主语）

（18）他最后买了一个<u>小型的</u>。（做宾语）

（19）<u>女的</u>站左边。（做主语）

在偏误句"穿红衣服是我妹妹"中，"穿红衣服"属于谓词性词语，其后应该加"的"，这样构成的"的"字短语才能指称"穿红衣服的人"，否则不成立。外国学习者在习得这类句子时，如果没有掌握"的"字短语的基本功能和结构规则，就容易造成"的"的遗漏。在教学时，教师应该着重讲解"的"字短语的结构和成分，分析它在句中的基本功能，避免学生产生"的"的遗漏偏误。

32. "一张中国的地图"错在哪里了？

"一张中国的地图"错在"中国"后加了"的"，应改为"一张中国地图"。这一短语的层次分析如下：

一张 中国 地图
| 定 | 中 |
　　| 定 | 中 |

在这个短语中，"中国"是专有名词做定语。"中国地图"指的是展示中华人民共和国领土以及疆域内各类地理要素分布的地图，而不是上海或西北地区等的局部地图，更不是日本的或者美国的地图。"中国的地图"则可能是中国完整

领土的地图，也可能是局部地区的地图，信息不清晰。"中国地图"这类结构属于整合度比较高的定中短语，这里的定语"中国"则属于整合类定语。

整合类定语，也可以称为"融合类定语"，是对中心语的某一个特殊关联的区别特征进行说明，可以视为该中心语的特殊标记，需要一定的背景知识才能够理解。这类定语所构成的定中短语一般表示专门的概念，属于或者类同于专有名词。在充当该类定语的名词中，专有名词较为常见。

专有名词是专门表示人物、地理、历史、单位、行业术语的具有专一称谓的词。常见的专有名词有如下几类：

人物类：孔子、诸葛亮、雷锋、孔繁森

地理类：黄河、泰山、南极、太平洋

历史类：秦朝、长城、三国、殷墟

单位类：山东、青岛、清华、华为

行业术语类：语言、动能、定律、期权

由专有名词充当整合类定语构成的定中短语如：

孔子家书　　华北平原　　四川泡菜　　北京烤鸭

语言学者　　泰山石　　南极仙翁　　太平洋舰队

在汉语中，专有名词做定语，定中之间有时可以带"的"，有时不可以带"的"。可以带"的"的情况下，有没有"的"差别很大。比如：

日本菜→日本的菜

"日本菜"指出的是什么菜，而不是哪个国家的菜；"日本的菜"指出的是日本这个国家的菜，而不是什么菜。

我们可以用提问的方式来判断句子要表达的意思。比如，针对"一张中国地图"可以提出的问题应该是"一张什么地图？"，由此可以判断"一张"后面所跟的应该是表示性质的名词，即"什么地图"，而不是"谁的、怎么样的"地图。外国学习者应分清楚名词做定语时，有表性质和表领属的区别，并据此判断什么情况下定语后面一定要加"的"，什么情况下一定不加"的"，什么情况下可加可不加"的"。

33. "什么好的东西"错在哪里了？

"什么好的东西"错在"好"的后面加了"的"，应改为"什么好东西"。这一短语的层次分析如下：

（1）什么 好 东西

在汉语中，对事物进行分类的单音节形容词做定语，后面不需要带"的"，如"红花、绿叶、好主意"；对事物进行描写的单音节形容词做定语，后面则需要带"的"，如"坏的氛围、大的酒楼、黑的帽子"。有的单音节形容词做定语时，后面可以用"的"，也可以不用"的"，两种格式在语义上有区别。如果加"的"，定语就有了强调描写的作用。比如：

（2）不知不觉间，我们还养成了<u>睡午觉的好习惯</u>。

（3）岳父告诉我，他每天都保持一个"<u>好的习惯</u>"。

（4）房管员哨子说："逛商店去了？买<u>什么好东西</u>了？"

（5）只记得我这辈子始终缺少了一种东西，一种<u>好的东西</u>。

（6）<u>小时候</u>玩儿假刀假枪，长大了服兵役便真刀真枪。

（7）<u>小的时候</u>是行啊……老了，不行啦！骨头都硬啦！

另外，按照刘丹青（2008）的分类，定语可以分为内涵定语和外延定语。内涵定语由实词性／开放性语类充当，包括描写性定语和限定性定语，具体可由名词、区别词、形容词、动词、介词短语及主谓短语等充当，如"塑料凳子、小型汽车、漂亮姐姐、哭的样子、在中国的时候、他送的礼物"等。在汉语中，这些内涵定语后面都可以加"的"。外延定语由指称或量化成分充当，具体可由指示代词、数量词语、量化词语充当，如"这人、两本书、一些问题"等。在汉语中，外延定语后面都不加"的"。但在内涵定语中，很多加不加"的"都可以，因此学界又根据定语的语义和语用功能将其分为不同的类型。陆丙甫（1993）把不带"的"的内涵定语和带"的"的内涵定语分别称为"称谓性定语"和"非称谓性定语"，指出称谓性定语有分类功能，而非称谓性定语则有限定和描写的功能。

在"什么好东西"中，单音节形容词"好"做定语修饰中心语"东西"，"好"属于内涵定语。根据语境可以推测，说话者应该是从东西的好坏这一属性上对中心语进行分类，而不是描写中心语"东西"，因此"好"属于称谓性定语，后面不用加"的"。类似的句子还有：

（8）清迈不是大城市，但是又不是小城市。

　　*清迈不是大的城市，但是又不是小的城市。

（9）几年没见，老师长了许多白头发。

　　*几年没见，老师长了许多白的头发。

（10）盆地的高处，有可能有冷空气。

　　*盆地的高处，有可能有冷的空气。

（11）有些日子他就是这种臭脾气。

　　*有些日子他就是这种臭的脾气。

例（8）中的"大、小"是对城市大小这一属性的分类，因此后面不应该加"的"；例（9）中的"白"是对头发颜色这一属性做分类，后面不能加"的"；例（10）中的"冷"是对空气温度这一属性进行分类，后面也不能加"的"；例（11）中的"臭"是对脾气好坏这一属性的分类，后面也不可以加"的"。

外国学习者如果没有掌握单音节形容词做定语的规则，也不理解定语后加"的"和不加"的"对句子语义、语用造成的区别，就会出现"的"的误加偏误。在教学中，教师应该先向学生阐明单音节形容词做定语的基本规则，并且列举典型例句加以说明。然后引出"称谓性定语"和"非称谓性定语"，讲解二者的区别，并同样用例句进行详细说明，即：单音节形容词做定语时，一般情况下后面不加"的"，加"的"强调描写作用，比如"好习惯→好的习惯、小时候→小的时候"；单音节形容词做定语是对中心语做属性分类时，属于"称谓性定语"，相当于给这一类事物一个名称，后面不加"的"，比如"我们一想起花儿来，似乎便看见些红花绿叶，开得正盛"中的"红花绿叶"；单音节形容词做定语是对中心语进行限定或描写时，属于"非称谓性定语"，后面要加"的"，比如"红的花只是红的花，绿的叶只是绿的叶，我看见些不同的颜色，只是一点颜色"中的"红的花、绿的叶"。

34. "我们买了许多的瓶啤酒"错在哪里了?

"我们买了许多的瓶啤酒"错在数量短语中误加了"的",应改为"我们买了许多瓶啤酒"。该句的层次分析如下:

（1）我们买了许多 瓶 啤酒。

其中的"许多瓶"是由概数词"许多"和量词"瓶"构成的数量短语,该数量短语做定语,修饰中心语"啤酒",而不是"许多"做定语,修饰中心语"瓶"。"瓶"是借用名量词,即借自名词的量词,其他的如"一碗米饭、若干袋米、几杯水"中的"碗、袋、杯"。"瓶"由名词变为量词,数词和量词构成的数量短语做名词的定语时,后面一定不能带"的"。同时,"许多"和"瓶"之间也不用"的"。换言之,数词和量词之间不加"的"。比如:

（2）多少床被子

　　*多少的床被子

（3）几盘菜

　　*几的盘菜

（4）若干盒月饼

　　*若干的盒月饼

（5）三双筷子

　　*三的双筷子

（6）五公斤大米

　　*五的公斤大米

"许多"在《现代汉语八百词》（增订本）（吕叔湘，1999）、《现代汉语词典》（第7版）（中国社会科学院语言研究所词典编辑室，2016）、《对外汉语教学语法》（齐沪扬，2005）中都是数词，表示"数量很多"。"许多"在语义、结构和用法上与"很多"有不少相同之处，如二者都具有直接修饰名词的功能，相当于形容词性短语，在有些情况下可以相互替换。比如：

（7）天是透明的蓝，白云更流动得使人可以忘记<u>很多</u>的事。

（8）当然呢，签约前还有<u>许多</u>的事情要去做。

（9）因为你已经长大，因为你已经懂了<u>很多</u>的道理。

（10）他几乎是找遍了所有的学生谈了话，和我们讲了<u>许多</u>的道理。

"很多"是一个"副词 + 形容词"构成的偏正短语（状中短语），和数词"许多"在语法上不是一个层级。"许多"可以重叠成AABB的形式，即"许许多多"；而"很多"则不可以，即没有"很很多多"的形式。可是，二者都可以重叠为ABAB的形式，且在语义上没有明显的区别。比如：

（11）两个玻璃书柜里堆叠着的<u>许多许多</u>海内外的朋友亲戚和<u>许多许多</u>不认识的小朋友送我的贺年卡片。

两个玻璃书柜里堆叠着的<u>很多很多</u>海内外的朋友亲戚和<u>很多很多</u>不认识的小朋友送我的贺年卡片。

另外，"许多"和"很多"都能与量词结合构成数量短语，所以"许多"算是一个特殊的数词。比如：

（12）许多本书　　　很多本书

（13）许多瓶啤酒　　很多瓶啤酒

（14）许多片叶子　　很多片叶子

在教学中，教师要向学生解释清楚数量短语做定语，后面不加"的"的规则，避免产生像"一个的人、几张的纸"这样的误加偏误。除此之外，教师还要适时帮助学生辨析一下近义词"许多"和"很多"，让学生了解二者的区别。

35. "我学习的成绩不太好"错在哪里了？

　　"我学习的成绩不太好"应该改为"我的学习成绩不太好"。首先，句中动词"学习"和名词"成绩"并没有构成动宾结构，这里的"成绩"可以理解为动词"学习"的结果，是动词"学习"关涉的一个对象。因此，"学习"是用来限定"成绩"的类别，强调其是学习之后所产生的一个结果的。同样的还有"比赛成绩、工作成绩"，这里的"比赛"和"工作"也是动词，与后面的名词"成绩"之间不用加结构助词"的"。在这类情况下，动词和名词之间不加"的"的原因主要有二：一是"学习、比赛、工作"这类词在修饰名词时并不是强调其动作状态，而是作为提示特征，标明后面所跟对象的类别，故我们可以把这些动词理解为强调动作的一个事件过程；二是"学习成绩、比赛成绩、工作成绩"等在日常生活中属于使用频率较高的一类短语，其凝固程度较高，在实际运用中已固定下来。

　　另外，"学习"作为定语修饰名词的情况还有"学习文件、学习材料、学习态度、学习条件、学习进程"等，其中"文件、材料"表示学习所关涉的工具，"态度"表示学习的心理，"条件"表示学习所处的状态，"进程"则表示学习过程的阶段。这些"学习＋名词"的定中短语中都不用加"的"，这与"学习"修饰这些名词时不突出动词的语义特征有关。

　　学习者通常会受"动词及动词性短语做定语时，后面都要加'的'"这一规则的影响，而说出标题中的偏误句。另外，有些学习者会将"成绩"前的"我学习"看作一个整体，即主谓短语，然后受"主谓短语做定语时，后面都要加'的'"的规则的影响，产生误加偏误。

　　这就需要教师在具体教学过程中注意以下两个方面：

　　第一，教师要不断完善自身的汉语本体知识储备。以标题中的"学习＋名词"为例，教师不仅要对该类搭配有一个全面的了解，还要多积累"动词＋名词"这类结构的知识，并将其与"动词＋的＋名词"这类搭配区分开来。

　　第二，由于教学内容的复杂性，教师可以灵活选择教学方法。若是从理论、语法特点、语义特征着手进行讲解，学习者肯定会觉得过于抽象且难以理解。所以，教师可以将具体的搭配作为教学内容，避开难度较高的理论分析，列举常用的短语结构，给出相应的例子，一步步地帮助学生加强对此类搭配的记忆。

36. "一间的最大的房子"错在哪里了？

"一间的最大的房子"应改为"一间最大的房子"。该句中的定语由两个成分组成，分别是数量短语"一间"和偏正短语"最大"，且它们都是修饰中心语"房子"的，故我们可以把它们看作递加式多项定语，即每项定语分别与中心语有修饰关系。

一般来说，数量短语在多项定语中的位置非常灵活，它既可以出现在描写性定语前，也可以出现在限定性定语前。比如：

（1）我度过了一个十分有意义的假期。（位于描写性定语前）

（2）这是一个非常强大的国家。（位于描写性定语前）

（3）我在一个不贫穷但也不很富裕的家庭里长大。（位于描写性定语前）

（4）我希望每个人都有一个美满幸福的婚姻。（位于描写性定语前）

（5）他是一位来自山区的学子。（位于限定性定语前）

数量短语也可以处在其他定语后且紧跟中心语名词。比如：

（6）这是平常不过的一间屋子。

（7）小小的一个泥土人儿摆在桌子中间……

（8）公园的一个自动售卖机前挤满了人。

数量短语不管是位于其他定语前还是位于其他定语后紧跟中心语名词，后面都不需要加"的"。对外国学习者来说，汉语中的量词是较难掌握的一个语法点。他们受自己母语的影响，很容易产生误加"的"的偏误。在英语中，"量词"的后面常常有形式标记"of"。比如：

（9）a cup of water（一杯水）

（10）a bottle of milk（一杯牛奶）

（11）a sack of potatoes（一袋土豆）

因此，学习者会因为母语中表示量词的词语后需要加标记而在学习汉语时误加定语标记"的"。

多项定语的组成成分很复杂，仅从多项修饰语之间的关系来看，就可以分为联合式多项定语、递加式多项定语和直接式多项定语（张斌，2002）。外国学习者不仅在理解上存在很多困难，在实际运用中也容易出现偏误。教师的正确引导尤为重要。

首先，教师要采取合理的教学方法。在学习含有数量短语的多项定语前，学生一定要先掌握只有数量短语做定语的定中结构，故教师应帮助学生打好前期基础，然后有侧重点地、循序渐进地过渡到含数量短语的多项定语的教学上。

其次，教师要及时从学生的偏误中总结规律，调整自己的教学重难点及策略，避免学生只会死记硬背，要引导其主动地探究汉语定语背后的认知规律。

37. "上海是中国第一的大城市"错在哪里了？

"上海是中国第一的大城市"错在"中国第一"和"大城市"之间加了"的"，应改为"上海是中国第一大城市"。该句的层次分析如下：

（1）上海　是　中国第一　大　城　市。

这句话的主干部分是"上海是城市"，"中国、第一、大"都是用来修饰宾语"城市"的分支部分。那么，"中国""第一"和"大城市"是什么关系？"大城市"究竟是一个词还是短语？如果是一个词，"大"和"城市"之间自然不可以加"的"；如果是一个短语，那单音节形容词"大"和"城市"之间的"的"该现还是该隐？

我们先结合汉语对"大城市"的定义考察。按照中国划分城市规模的分类标准，大城市指城区常住人口在100万～500万的城市。相关的分类还有超大城市、特大城市、中等城市、小城市等。

在"超大城市、特大城市"两个词中，"超"和"特"属于程度副词，程度副词只能用来修饰性质形容词或者部分心理动词，而"大城市"显然不属于这两类。从这个角度说，"超"和"特"都是用来修饰"大"的，那么"大城市"是一个词的可能性就被排除了。因此，"大城市"应该是单音节形容词"大"和名词"城市"构成的短语。当单音节形容词做定语时，出于韵律和谐的考虑，定语和中心语之间的"的"往往要求省略，只有在强调属性的时候才会凸显。比如：

（2）新的书包、新的铅笔、新的本子——小女孩儿终于能去上学了！

（3）大的苹果甜，小的苹果酸。

在例（2）中，"新的书包、新的铅笔、新的本子"重点强调了"书包、铅笔、本子"的属性"新"；在例（3）中，"大的苹果"和"小的苹果"对应，凸显了苹果的大小这一性状。因此，在强调中心语属性的时候，定语和中心语之间要加"的"；而在不需要特别强调中心语属性的情况下，我们一般会省略单音节形容词和名词中心语之间的"的"。这也是"大"和"城市"可以直接说"大城市"，中间无须加"的"的原因。

接着看"中国、第一、大"和"城市"之间的关系。这里需要判断在"上海是中国第一的大城市"这句话中，"第一"修饰的是"大"这个形容词还是"大城市"这个名词性短语。"第+数词"做状语，语义指向后面的形容词，表示次序。因此，在这句话中，"第一"是用来修饰"大"的。一般来说，"第+数词"结构和形容词之间不能加"的"。那么，我们就可以得出结论：在"上海是中国第一的大城市"这句话中，"第一"后面的"的"应该省略，整个句子应修改为"上海是中国第一大城市"。

下面再来看另外一个句子：

（4）上海是全国排名第一的大城市。

为什么例（4）中"第+数词"后面可以加上"的"？这是因为"排名第一"是一个主谓短语，它整体充当定语。当主谓短语充当名词前的定语时，定语和中心语之间必须用"的"，否则句子就不成立。比如：

（5）一时间整个中国互联网几乎陷入了<u>人人自危的境地</u>。

　　*一时间整个中国互联网几乎陷入了<u>人人自危境地</u>。

例（5）中的"人人自危"是一个主谓短语，意思是每个人都感到危险、不安全，它充当了名词"境地"的定语。此时，定中结构中的"的"必须显现；如果省略"的"，句子则不成立。

38.　"我的姐姐的朋友是一位医生"错在哪里了？

"我的姐姐的朋友是一位医生"错在"我"和"姐姐"之间多了一个"的"，应该改为"我姐姐的朋友是一位医生"。该句的层次分析如下：

（1）我　姐姐的朋友　是　一　位　医生。

主语"我姐姐的朋友"的中心语是"朋友"，"我姐姐"是修饰中心语"朋友"的领属性定语。同时，"我"和"姐姐"也构成了一个领属性定中结构。值得注意的是，"我"和"姐姐"之间不用结构助词"的"。

这一问题涉及"的"字的隐现规律。结构助词"的"在很多情况下可以省略，其中最为常见的就是人称代词和亲属称谓词之间的省略。当定语为人称代词（如"你、我、她、他、他们"等），中心语为亲属称谓词（如"爸爸、妈妈、爷爷、奶奶、外公、外婆、叔叔、阿姨、哥哥、姐姐、弟弟、妹妹"等）的时候，二者之间一般会省略"的"，尤其是在口语中。比如：

（2）在妈妈离开人世后，我才知道那苦命姑娘就是<u>我妈妈</u>。

（3）现在不但关宝宽进步了，就连<u>他弟弟</u>也有了进步。

（4）<u>她哥哥</u>上了半工半读学校之后，不仅思想上有进步，而且的确学到了一些生产技术。

在例（2）中，人称代词"我"充当了亲属称谓词"妈妈"的定语，二者直接组合成定中结构"我妈妈"，中间省略了"的"。例（3）中的"他弟弟"、例（4）中的"她哥哥"也是同样的道理。

一般来说，在现代汉语中，领属性定语和称谓名词中心语之间一般不加"的"；但当说话者想要强调领属性的时候，"的"字不隐反现。比如：

（5）她是我姐姐。

（6）她是我的姐姐，不是丽丽的。

例（5）中的"我姐姐"中间省略了"的"，这句话简单介绍了"她"的身份，重点在中心语"姐姐"上，不强调领属性，因此"的"可以直接隐去。而在例（6）中，说话者意在向对方说明"她"是"我的"姐姐，而不是"丽丽"或者其他什么人的姐姐，重点在"姐姐"的领属性上，因此凸显了"我"和"姐姐"之间的"的"。

从语法上说，"我的姐姐"这个短语中的"的"用与不用都不影响句子的成立，只是强调的语义重点有区别，省略与否取决于说话者的意图。但是在"我的姐姐的朋友是一位医生"这句话中，中心语"朋友"前有两项定语"我的"和"姐姐的"，在这种情况下，语义重点在中心语"朋友"上，而不是"姐姐"上。也就是说，"我"和"姐姐"之间的领属关系不重要，因此这两个词之间的"的"需要省略。此外，在多项定语结构中，出于韵律和谐的考虑，我们一般会省略前几层定中关系里的"的"，只留下离中心语最近的"的"。比如：

（7）他是上海外国语大学一位有二十多年教学经验的老师。

（8）山脚下那条碧玉般清澈的溪流是我儿时的天堂。

例（7）中画线部分的中心语是"老师"，"上海外国语大学、一位、有二十多年教学经验"都是修饰"老师"的定语。多项定语放在一起，只留下了"有二十多年教学经验"后面的那个"的"。例（8）中画线部分的中心语是"溪流"，"山脚下、那条、碧玉般清澈"都是修饰"溪流"的定语，同理，也只留下了离中心语最近的"的"。

基于以上分析，"我的姐姐的朋友"属于多层定语，"我"和"姐姐"之间的"的"需要省略。外国学习者在习得这类句子时，如果没有掌握"的"的隐现规则，就容易出现误加偏误。教师在教学时应该详细讲解人称代词和亲属称谓词之间"的"字的隐现规律，避免学生出现"的"的误加。

39. "我听不懂他们对我的说话"错在哪里了？

"我听不懂他们对我的说话"错在"的"和"说话"位置不对，这句话的正确表述应该为：

（1）我听不懂他们对我说的话。

在这句话中，"的"和"说话"搭配，但为什么必须要以"说的话"的形式呈现呢？其实这个问题比较复杂，我们可以从以下三个方面进行分析：

第一，需要明确这里的"说话"为动宾式离合词。汉语语法学界一般认为，离合词合时为词，离时为短语。当"说话"作为一个词时，它的用法同普通动词一样。比如：

（2）他们还在那里说话。

例（2）表示"说话"这一动作正在进行。

当表示"说话"这一动作正在持续时，动宾式离合词"说话"只能用"说着话"的形式表达。比如：

（3）他们还在那里说着话。

当表示"说话"这一动作已实现时，动宾式离合词"说话"只能用"说了话"的形式表达。比如：

（4）冯惊艳继续沉默，好半晌过后，她总算说了话。

当表示"说话"这一动作作为一种经历时，动宾式离合词"说话"只能用"说过话"的形式表达。比如：

（5）她拥有的却是名存实亡的婚姻，因为她的丈夫从未和她说过话。

当表示"说话"是一种动作结果时，动宾式离合词"说话"只能用"说的话"的形式表达。其中，"说"表示动作，"话"表示结果，前者是后者的定语。比如：

（6）她失忆了，完全不记得我说的话。

第二，需要明确动补结构"听不懂"所跟的宾语。如果跟具体动作有关，那一定表示动作的结果。比如：

（7）玛丽听不懂中文。（与具体动作无关）

（8）我听不懂你说的话。（与具体动作有关）

（9）*我听不懂你说着话 / 说了话 / 说过话。

第三，就"对 + 人称代词 / 人称名词 + X"这一结构来说，X的成分可以由动词、"的 + 名词"、"的 + 动词"充当。其中，动词单独居于X的位置的这种情况与本问所讨论的关系不大，这里只分析X由"的 + 名词"或"的 + 动词"充当的情况。比如：

（10）第一次见面，我对他的印象可不太好。

（11）这本书对我的影响实在太深远了。

（12）我对张明的评价很认可。

（13）我们对他的分析都非常佩服。

在例（10）～（13）中，"的"后的成分无论是名词（如"印象"）还是动词（如"分析"），或者是动名兼类词（如"影响、评价"），都表示结果。但例（10）、（11）中的"印象、影响"分别是"我、这本书"造成的；而例（12）、（13）中的"评价、分析"分别是"张明、他"造成的，"的评价、的分析"的前面都可以补出"所做"。比如：

（14）我对张明所做的评价很认可。

（15）我们对他所做的分析都非常佩服。

当然，我们可以把例（12）、（13）中的"评价、分析"处理为定语，在它们后面补出中心语。具体如下：

（16）我对张明评价的内容 / 结果很认可。

（17）我们对他分析的内容 / 结果都非常佩服。

由上面的分析可以看出，如果X由"A的B"形式充当，则A一定是动词，B为A的宾语，即使A为形式动词也是如此，如"进行的研究"。

这里我们顺便说一下"动词 + 的"做定语修饰名词性成分的情况。"动词 +

的"做定语修饰名词性成分大致可以分为如下两种情况：

1. 单音节动词做定语

（18）你们住的房、吃的饭、穿的衣都有我们的心血！

（19）说的话大多很简短，有的只有几个字。

（20）这次去书城买的书不多。

2. 多音节动词或动词性短语做定语

（21）我根本没想到能把丢失的东西找回来。

（22）他向贫困地区捐献了很多新出版的书。

（23）都到这个时候了，试试看老乡提供的偏方吧！

在例（21）～（23）动词做定语修饰名词的情况中，定中之间若不添加结构助词"的"，动词（性短语）与名词之间会形成动宾关系，这样结构与意义就变了，如"丢失的东西"与"丢失东西"。

有些双音节动词在做定语修饰名词时不会被误解为动宾关系，这样的动词与名词之间不需要加"的"。比如：

（24）在这次的会议上，大家提出了许多改进意见。

（25）他知道我正忙着这个项目，给我送了好多参考资料。

（26）我想了解一下这个计划的执行情况。

这一类动词在做定语修饰名词时，往往已经"名物化"，类似于用名词做定语修饰名词，故定中之间不需要添加结构助词"的"。而那些在结构中无法被"名物化"的动词做定语修饰名词时，定中之间则一定要加上结构助词"的"，如"喜爱的玩具、打听的消息"等。

综上所述，明确了"说话"为动宾式离合词，又处在"对＋人称代词／人称名词＋X"结构中X的位置，且这一介词结构又充当动词"懂"的宾语，因此"说话"必须呈现为"A的B"的形式，其中"说"被看作动词部分，"话"则被看作宾语部分。

40. "他们化他们的悲痛为力量" 错在哪里了?

"他们化他们的悲痛为力量" 错在 "化" 和 "悲痛" 之间多了 "他们的"。随着语言的使用和发展，"化悲痛为力量" 已在一定程度上演变为一个固定短语，中间不能插入其他成分或内容。比如：

（1）两位军官表示一定要化悲痛为力量，圆满完成维持和平的行动。

＊两位军官表示一定要化<u>他们的</u>悲痛为力量，圆满完成维持和平的行动。

（2）我们要化悲痛为力量，学习该同志的革命精神和优秀品德。

＊我们要化<u>我们的</u>悲痛为力量，学习该同志的革命精神和优秀品德。

（3）面对这样的场景，我暗暗下定决心：一定要化悲痛为力量，更加勤奋地工作。

＊面对这样的场景，我暗暗下定决心：一定要化<u>我的</u>悲痛为力量，更加勤奋地工作。

在上述例句中，"化悲痛为力量" 都是紧跟主语出现，其语义指向十分明确——指向主语。也就是说，我们可以明确地判断出是该句的主语成分需要 "化悲痛为力量"，故无须再于 "悲痛" 一词前添加定语成分。若添加人称代词等定语成分，表面上看表意更加丰富了，实则是定语赘余。因此标题中的偏误句 "他们化他们的悲痛为力量" 的正确表述应当为 "他们化悲痛为力量"。

在教学过程中，教师需要格外关注学生的定语使用得是否得当，是否出现了定语赘余现象。有的学生为了使句子表达的信息尽可能详尽，可能会出现误加定语，甚至是堆砌定语的现象。

要想判断句子是否出现了误加定语的情况，学习者可以多关注句子的主语成分和被定语修饰的中心语成分，即定语的使用是否与主语出现了重复，以及定语和中心语成分是否有意义内涵上的赘述。比如：

（4）＊我们再勒紧<u>我们的</u>裤腰带也要让打火队吃饱。

（5）＊这句话里包含了多少<u>无声的</u>潜台词啊！

（6）＊你去劝劝他，让他别把<u>过去的</u>往事放在心上。

例（4）中的"勒紧裤腰带"为固定短语，表示生活困难，不能大手大脚地花钱，需要省吃俭用地过日子。像这样的固定短语，无须在其中添加其他成分。同时，该短语紧跟着主语出现，语义指向明确，无须添加"我们的"这一定语进行修饰。像这样在主语后紧跟固定短语的句子，不要在固定短语中添加与主语一致的定语成分，否则会造成赘余现象。例（5）中的"潜台词"本意是话语背后没有直接表达出来的内容，本就是无声的，因此我们无须使用"无声的"做定语去修饰"潜台词"这一中心语。例（6）中的"往事"本意为过去发生的事情，所以其前也无须使用"过去的"一词做定语。像例（5）、（6）这样的句子，中心语本身已包含某些含义，其前就无须添加与中心语含义重复的定语进行修饰。

41.　"真好的学校"错在哪里了?

"真好的学校"错在副词"真"的用法不对。"真"作为断言类情态副词[①]，一般不出现在描写性定语中，当然更不可以出现在限定性定语中，它主要与中心语一起构成状中短语在句中做谓语。因此，"真好的学校"可以改为：

（1）*真好的学校！

　　　学校真好！

与之类似的，比如：

（2）*真漂亮的娃娃！

　　　娃娃真漂亮！

（3）*真丑的胸针！

　　　胸针真丑！

（4）*真惊悚的电影！

　　　电影真惊悚！

---

① 这里所说的情态副词，是采用历来的语法大纲中的说法。语法学界不少学者把这类副词称为"评注性副词"，比较有代表性的是张谊生先生，他在专著《现代汉语副词研究》（学林出版社，2000）中系统讨论过这个问题。

或者将例（1）中的"真"换为绝对程度副词"很"。比如：

（5）*真好的学校！

　　　很好的学校！

常见的断言类情态副词有"真、实、确、诚、的确、确实、委实、诚然、果然"，以及"决、绝、万、并、万万、千万、根本、压根儿"等，其中前者为肯定性断言类，后者为否定性断言类。

正如前文所讲，限定性定语重在限定事物的范围；描写性定语重在对事物本身进行描写，是对事物的客观描写。而"真"等单音节断言类情态副词具有强烈的主观性，体现了说话者强烈的主观色彩，因此不为描写性定语所接受。

定语与谓语在句法地位上的差异可进一步解释为何副词"真"不能出现在定语中。一般而言，定语是相对于名词性中心语而言的，两者组合才可构成主、宾语，我们可以将定语看作主、宾语的从属成分。而谓语是核心，可在允准的情况下对主语所指代的事物进行无限制的陈述，因此其句法容纳能力要显著强于定语；另外，谓语占据句末位置，极易承载句子焦点，引起听话者的注意，说话者为了表达强烈的主观情感，会优先选择谓语来承载主观量大的信息，所以情态副词常出现在句末焦点位置。比如：

（6）学校果然很好！

（7）电影实在太惊悚！

由于谓语承载了表达主观信息的功能，因此按照语言经济性原则，定语便不具有该功能，而多进行客观描述。

情态副词"真"之所以不能出现在定语中，是因为描写性定语不能表达主观情感，只能表达客观陈述。

42. "在炉子里的木头发出阵阵香味"错在哪里了？

"在炉子里的木头发出阵阵香味"是偏误句。这个句子有如下两种修改方式：

第一种，介词"在"是句法羡余，不承担表意功能，可以将其删去。改为：

（1）*在炉子里的木头发出阵阵香味。

炉子里的木头发出阵阵香味。

例（1）中的"炉子"与"里"组合起来表处所义，二者为强势组合，表意已经充足。与之类似的还有：

（2）*在锅里的菜飘出阵阵清香。

锅里的菜飘出阵阵清香。

（3）*在冶炼炉里的铁发出阵阵响声。

冶炼炉里的铁发出阵阵响声。

（4）*在壶里的水渐渐烧开了。

壶里的水渐渐烧开了。

在汉语中，名词可根据表处所时是否需要介词"在"和方位词分为三类：普通名词、一般处所名词和绝对处所名词（刘丹青，2008）。比如：

（5）（在）桌子上（普通名词）

（6）（在）厨房里／在厨房（里）（一般处所名词）

（7）在上海（*里）（绝对处所名词）

可见，名词处所性的强弱影响着"在"和方位词的隐现。处所性越弱，方位词隐去的可能性就越低，"在"隐去的合法度就越高，不隐去反倒显得多余；处所性越强，方位词隐去的可能性就越高，"在"隐去的合法度就越低。"炉子"和"桌子"一样是普通名词，与方位词"里"的结合更为紧密，处所短语"炉子里"可独立表示"炉子的内部空间"，无须添加其他成分，所以"在"要隐去，否则便会造成句法羡余。

第二种，定语中缺少相应的动词性成分，需要增加合适的动词与"在"相配。比如：

（8）*在炉子里的木头发出阵阵香味。

在炉子里燃烧的木头发出阵阵香味。

因为普通名词"炉子"与方位词"里"的组合为强势组合，所以隐去"在"可避免句法羡余；但我们也可以在方位短语"炉子里"后增添动词"燃烧"，以表示木头在炉子里的状态，如此句子便合法了。这样，"在"的"定位性"（储泽祥，1996）会相对减弱，而描述动作发生的时间性会有所增强。比如：

（9）在炉子里燃烧的木头发出阵阵香味。

　　　正在炉子里燃烧的木头发出阵阵香味。

　　加上动词后，"在"的前面可以添加时间副词"正"，表示"在说话者当下的时间，木头正在炉子里燃烧"，其定位处所的功能几近丧失。比如：

（10）在锅里炒的菜飘出阵阵清香。

　　　正在锅里炒的菜飘出阵阵清香。

（11）在冶炼炉里炼的铁发出阵阵响声。

　　　正在冶炼炉里炼的铁发出阵阵响声。

（12）在壶里烧的水渐渐开了。

　　　正在壶里烧的水渐渐开了。

　　例（9）～（12）说明"在"已经由空间介词向时间副词转化，语法化程度越来越高。

　　基于以上分析，我们再看标题中的偏误句。该句的错误是介词"在"句法羡余或定语中缺少动词性成分与"在"相配导致的。在第一种情况下，"炉子"与"里"的强势组合造成"在"的句法羡余，因此需删去"在"；在第二种情况下，定语中缺少动词性成分与时间副词"在"相配，所以需补出相应的动词（如"燃烧"）才能符合汉语的语法规则。

43. "打架的戏有意思"错在哪里了？

　　"打架的戏有意思"错在定语"打架"与中心语"戏"搭配不当，该句有两种改法：

（1）*打架的戏有意思。

　　　a. 张三跟李四打架的戏有意思。

　　　b. 武打的戏有意思。

这两种改法都要求"戏"的定语是一个完整的事件，是描写性定语。比如：

（2）*记录的<u>影片</u>有意思。

　　记录战争的<u>影片</u>有意思。

（3）*评说的<u>快板儿</u>有意思。

　　评说历史的<u>快板儿</u>有意思。

（4）*宫斗的<u>电视剧</u>有意思。

　　正派和反派宫斗的<u>电视剧</u>有意思。

在例（2）～（4）中，做中心语的名词可统称为"戏"类。"戏"类名词的定语必须是一个完整的事件才能被接受，"武打"作为事件名词可以进入定语中。想要避免出现以上偏误，需要弄清楚事件名词做中心语时的定语规则。

1.关于事件定语与事件中心语

事件名词隶属于事件范畴，既具有名词的指称性，又具有动词的述谓性，两者复合即为事件。事件名词的判定是基于句法分布，具体而言是通过事件结构测试法进行判定（韩蕾，2016）。我们可以将"戏"类名词带入体量化结构中进行判定，如"一＋动量词＋名词"。比如：

（5）看一次戏／影片／电视剧　　　　听一次快板儿

体量化结构是检验名词是否为事件名词的最有效、最常用的框架。由上面的判定结果可知，"戏"类名词都可以进入该结构，因此都是事件名词。

描写性定语着眼的是"所描写的事物本身"（刘月华、潘文娱、故铧，2001），定语与中心语在范围上是等同的，都是对同一个事物进行概括和描述，定语是对事物的描述，而中心语是对事物的概括。比如"雷厉风行的人"，中心语"人"是对唯一高级灵长类动物的概括，而定语"雷厉风行"则是对这一高级灵长类动物的描述。事件名词前的描写性定语，也需要与事件名词的概括范围相同，即定语描述的就是"戏"类事件名词的具体内容，这样它才可以与中心语相配。例（1）中的"打架"只是一个动作，打架的双方都未出现，因此不是一个事件，不能为定语所接受。

2.关于事件名词

事件中心语要求其定语也必须具有事件性，这是语义要求，而选择什么结构来表达则会有所差异。汉语中的事件通常由主谓短语（名词＋动词）或动宾短语

（动词＋名词）来表达，如"我打球、打球"；但有时候也可以由事件名词来表达，它们是经过词汇化了的事件，词性上兼具名词和动词性质。"武打"是"戏曲、影视中用武术表演的搏斗"，代入事件名词优先鉴定框架后合法，如"看了一次武打"，因此"武打"是一个事件名词，可为定语所接受。但需注意的是，"武打"这类事件名词多是古代汉语在现代汉语中的遗留，数量极少。

标题中的"打架的戏有意思"错在未弄清楚事件名词做中心语时的定语规则，即事件名词前的定语也需具有事件性，事件的表达主要依赖于主谓短语和动宾短语，少数情况下可以通过事件名词表达。

但是也存在特殊情况，即不少体词可以充当事件名词前的定语。比如：

（6）我一直喜欢周星驰的电影。

（7）他的戏很简练。

（8）这些年，韩国的电视剧在中国比较火。

（9）我在一年前看了那部北极熊的纪录片。

这些句子大都用在口语中，且这些定中短语都是缩略而来的。完整的定中短语如下：

（10）周星驰演的电影→周星驰的电影

（11）他写的戏→他的戏

（12）韩国拍的电视剧→韩国的电视剧

（13）关于北极熊的纪录片→北极熊的纪录片

44. "我住在的地方"错在哪里了？

在短语"我住在的地方"中，"的"是定语的标记，"的"前的内容是修饰中心语"地方"的定语。在汉语中，定语可以由名词、形容词、人称代词、动词以及各种短语构成。该短语是在使用主谓短语做定语时，误加了"在"，造成了句法结构的杂糅，应该改为"我住的地方"。"我住在的地方"是"我住的地方"和"我住在……地方"的平行拼接。

产生这类偏误的原因可能是，外国学习者在学习"我住在……地方"这样的主谓结构时，知道"住"是一个不及物动词，其后接宾语要加上"在"这个介词，他们已经习惯了这样的"动补"搭配，所以在使用"我住"这个主谓短语做定语时，错误地加上了"在"这个介词。学习者在学习"住"的时候，往往将其和"在"整体习得，且对这种搭配太过敏感，不敢在使用"住"的其他场合中去掉"在"这个介词。类似的杂糅偏误还有：

（1）*我问她："你是不是灵魂还是人？"

（2）*还是不戴眼镜也好。

例（1）中拼接的两个结构分别是"是不是……？"与"是……还是……？"，这两个结构存在部分交叉的地方，容易被学习者混淆。例（1）可改为"你是不是灵魂？"或者"你是灵魂还是人？"。例（2）是将"还是……好"与"……也好"两个结构拼接在一起，可改为"还是不戴眼镜好"或"不戴眼镜也好"。

在语法杂糅中，除了平行拼接，还有前后拼接。前后拼接，意思是已完整的话就应断为一句，可是有的说话者当断不断，把一句话的末尾拿来做另外一句话的开头。比如：

（3）*他住在韩国工作。

（4）*去送我的人很多，谁都跟我笑笑谈谈很多事。

在例（3）中，"他住在韩国"本身已经是一个完整的句子，按理到这儿句子应该结束，但是它并没有，而是后接了另一个动词"工作"，和前面的构成"在韩国工作"结构，从而造成前后拼接。例（3）可改为"他住在韩国"或"他在韩国工作"。在例（4）中，"去送我的人很多，谁都跟我笑笑谈谈"也已经完整，但句子又在"笑笑谈谈"之后加了一个宾语"很多事"，造成前后拼接。

除上述原因外，"我住在的地方"的偏误成因还可能有学习者母语负迁移的影响。在英语中，"我住的地方"的相应表达形式是"the place I live in"。学习者有可能知道汉语中定语要前置，但依然保留了英语表达中"in"这个介词成分。

45. "那森林，正是一棵的树木连起来的"错在哪里了？

"那森林，正是一棵的树木连起来的"错在未使用数量短语的重叠式做定语，该句应改为"那森林，正是一棵一棵的树木连起来的"或者"那森林，正是一棵又一棵的树木连起来的"。由"森林、连"等词可知，这句话有表示量多的意思，而数量短语"一棵"做定语修饰"树木"时不能满足表示量多的要求，因此必须使用重叠式"一棵棵、一棵一棵、一棵又一棵"。再如：

（1）一支支/一支一支/一支又一支的救援队伍奔向灾区。

按常理推测，支援"灾区"需要很多支"救援队伍"，因此数量短语应该使用重叠式"一支支、一支一支、一支又一支"。

（一）数量短语重叠式的类型

数量短语重叠式的类型有如下三种：

1."一AA"式

需要注意的是，该式充当主语时，往往可以省去"一"成为"AA"式。比如：

（2）大路上开过去一辆辆汽车。

（3）（一）条条高速公路联通全国各地。

2."一A一A"式

（4）假如我的相思真化作一颗一颗的红豆，到如今我已替你堆集永久勿忘的爱心。

（5）高敞的圆形墓穴，没有一根梁柱，全是用砖砌成，头上的穹顶也是一块一块的方砖。

"一A一A"和"一AA""AA"是基本式和变式的关系，它们表达的语法意义基本相同。这三类形式对量词有限制，只有单音节量词才能使用这三类重叠式，例（1）～（5）中都是单音节量词的重叠。

3."一A又一A"式

（6）人类在探索生命起源与生物进化的过程中，遇到了一个又一个的难题。

（7）他竟然能够完成一项又一项的发明，办成一件又一件的事情，取得了
　　优秀的成绩。

汉语中除了度量衡量词外，大部分量词都可以重叠。跟其他语言相比，量词可以重叠使用是汉语比较突出的一个语言特征，并且量词重叠后会产生新的意义和用法。这对外国学习者来说是一个难点。

（二）量词重叠的偏误类型

量词重叠的偏误类型主要有重叠量词遗漏、错序和错选三种。具体如下：

1.重叠量词遗漏偏误

（8）*桌子上一书整整齐齐地摆着。

　　桌子上一本本书整整齐齐地摆着。

2.重叠量词错序偏误

（9）*这些件件礼物都漂亮。

　　这些礼物件件都漂亮。

3.重叠量词错选偏误

名词对量词的选用常常是特定的，不能随便搭配。外国学习者在使用过程中常常把用在甲事物上的量词用在了乙事物上，这样就造成了错选偏误。比如：

（10）*一双双夫妻在逛街。

　　一对对夫妻在逛街。

（三）必须使用数量短语重叠式的情况

数量短语重叠式表示的含义不尽相同，不是所有情况下都必须使用数量短语的重叠式。必须使用数量短语重叠式的情况有两种：

1.表示事物的量多时

（11）空中闪烁着一簇簇五彩缤纷的焰火。

（12）村外传来阵阵炮声，一朵朵"土蘑菇云"腾空而起。

例（11）中的"五彩缤纷"表明"焰火"颜色很丰富，数量也很多，所以数量短语"一簇"要用重叠式，表示数量多。在例（12）中，由"阵阵炮声"能得

知炮弹数量之多，相应地，"土蘑菇云"也是"一朵朵"的。

2. 表示动作的量多时

（13）他听到机器一声声的叫唤，好像是在向他告别。

（14）演出结束时，剧院内响起一遍又一遍的掌声和欢呼声，演员们不得不
　　　一再谢幕。

46. "他尝了尝一个苹果"错在哪里了？

"他尝了尝一个苹果"错在做定语的数量短语用的是无定指的"一个"，应
该用定指的指示代词"这个"或者"那个"，所以该句应改为"他尝了尝这个 /
那个苹果"。动词重叠后带宾语时，宾语前如有数量短语做定语，数量短语应该
是有指性的，否则动词就不能重叠。比如：

（1）*我想试试一件衣服

　　　我想试试这件衣服。

（2）*请您看看一本书的封面怎么样。

　　　请您看看这本书的封面怎么样。

例（1）中的 "一件"和例（2）中的"一本"都不是定指，违背了上述语
法规则，应该将"一件"改为特指的"这件"或"那件"，"一本"改为"这本"。

一般情况下，单音节动词后面都可以带数量短语，所以标题中的这句话也
可以不用动词重叠式，换成单个动词带宾语的结构，即可改为"他尝了一个苹
果"。但是，单音节动词重叠之后不能带数量短语。比如：

（3）*看看一本书

　　看一本书

（4）*听听几首歌曲

　　听几首歌曲

单音节动词重叠之后带宾语受到的限制很多，如宾语开头一般不能是数量短
语。动词重叠之后所带的名词性宾语可以从"有定、无定"和"有指、无指"这

两个方面考虑，试着比较以下句子：

（5）a. 咱们一起谈谈工作。

　　　b. *咱们一起谈谈<u>一份</u>工作。

　　　c. 咱们一起谈谈<u>这份</u>工作。

例（5）中三个句子的差别就在于动词后名词性宾语的定指性。例（5a）和例（5c）中的名词性宾语可以用在单音节动词重叠式后，而例（5b）中却不能这样使用。按照对宾语的分类，例（5a）中的"工作"是无定无指宾语，例（5b）中的"一份工作"是无定有指宾语，例（5c）中的"这份工作"是有定的。单音节动词重叠后所带的宾语必须是无定无指宾语和有定宾语这两种，不能带无定有指宾语。

47. "圣诞节那天，全国的商店都关门的，应该算是英国最宁静"错在哪里了？

标题中的这句话错在缺少中心语，应改为"圣诞节那天，全国的商店都关门的，应该算是英国最宁静的一天"。该句的层次分析如下：

（1）圣诞节那天，全国的商店都关门的，应该算是英国最宁静的一天。

在这句话中，"圣诞节那天"是主谓短语充当主语；"全国的商店都关门的"是一个插入的小句，补充说明主语的某些情况；"应该算是英国最宁静的一天"充当谓语。在谓语中，"英国最宁静的一天"是定中短语充当述语（有的称为"系动词"）"是"的宾语（有的称为"表语"）。

如果不补出宾语中的中心语，那么"英国最宁静"作为主谓短语是不能充当"是"的宾语的。因为从逻辑语义上说，"英国最宁静"这一由"名词＋形容词"构成的主谓短语通过"是"无法与"圣诞节那天"建立逻辑上的等同关系。

要形成等同关系，需要合适的中心语，而"一天"正好与"圣诞节那天"对应，"一天"作为数量短语也是可以充当中心语的。

另外还需要在"英国最宁静"与"一天"之间加上结构助词"的"，因为"程度副词＋性质形容词"做定语时，一定要在中心语前加"的"。

中心语是偏正（定中、状中）短语、中补短语里的中心成分。中心语根据同它配对的成分的性质可分为三种：定语中心语、状语中心语和补语中心语。标题中的句子就是定语中心语遗漏导致的偏误。定语中心语指与定语配对的中心语，一般由名词性词语充当，如在"这间教室的钥匙"里，中心语是名词"钥匙"。

当句中成分过多或句子过长时，学习者容易将注意力集中在其他方面而忽略了中心语，有时甚至误将定语用作主语或宾语，结果造成定语中心语的缺漏。由复杂定语引起的中心语缺漏现象在科技论文中比较常见。比如：

（2）*利用不同闪烁晶体特征发光衰减时间常数的差异制成的复合晶体探测器近年来取得了许多成果。

如果按层次分析法分析，例（2）中的语法主语应该是"复合晶体探测器"，但实际上将其作为主语是不合逻辑的，因为我们一般不会说一个科学产品取得了成果，而是说某个研究取得了许多成果。因此，这句话应该改成"利用不同闪烁晶体特征发光衰减时间常数的差异制成的复合晶体探测器的研究近年来取得了许多成果"。

辨析这类语病，往往需要从语法、语义多方面厘清句子中各个成分之间的关系。教师可以采取层次分析法，分析出各个语言单位所对应的语法成分，找出偏误类型，再进行改正。作为第二语言学习者，如果自己无法确定所写的句子是否正确，可以尽量避免使用过长的定语结构造句，以规避这样的偏误。

48. "我是学生的那个学校"错在哪里了？

在汉语中，定语无论属于什么类别和层级，都应该位于中心语之前，这一点区别于英语（杨玉玲，2011）。如果将英语句子"I am a student of that school."

直译出来的话，则很容易出现"我是学生的那个学校"这样的表达。"我是学生的那个学校"的中心语应该为"学生"，应将修饰"学生"的成分"那个学校"置于"学生"之前，"的"也应置于被修饰对象之前、修饰成分之后。因此，该句的正确表达方式为"我是那个学校的学生"。

在现代汉语中，名词性成分常常可以充当定语，且主要充当限定性定语，其作用是区别，重在说明中心语所指代事物的外部联系，给事物分类或划定范围（杨玉玲，2011），说明事物的领有、处所等问题。此时，做中心语修饰语的名词性成分必须位于中心语前。比如：

（1）他的儿子非常优秀。

（2）宿舍的门坏了。

在例（1）中，"他"与"儿子"是领属关系；在例（2）中，"宿舍"表明了"门"的处所。回到标题中的句子，"学校"既可以和"学生"构成领属关系，也可以表明"学生"的处所，故其可以充当"学生"的定语，产出"学校的学生"这样的表达；"那个"是指量词，修饰的也是"学校"，我们一定要说"那个学校"，而不可以说"学校那个"。类似的表达还有：

（3）我是这座公园的管理员。

　　*我是公园这座的管理员。

（4）那家公司的员工经常加班。

　　*公司那家的员工经常加班。

下面再来看"的"的隐现问题。

首先，当使用指量词限定名词性修饰成分的时候，二者之间一般不加"的"。以例（3）和例（4）为例，我们不可以说"这座的公园的管理员"，也不可以说"那家的公司的员工"。

其次，"的"作为定语的标志，在"名词性成分＋中心语"结构中可以使用，也可以不使用。以例（1）～（4）为例，若中心语单纯受名词性成分修饰，不存在修饰名词性成分的指量词，则"他儿子非常优秀、宿舍门坏了、我是公园管理员、公司员工经常加班"这样的表达均成立。但是，如果名词性成分前出现了指量词，且指量词修饰的是名词性成分的时候，"的"必须出现。仍以例

（3）和例（4）为例，"我是这座公园管理员、那家公司员工经常加班"的表达则不成立。

最后需要指出的是，我们有必要关注一下指量词所修饰的到底是做中心语修饰成分的名词性成分，还是中心语本身。如果指量词直接做中心语的定语，则定语和中心语之间一定不能用"的"（杨玉玲，2011）。比如：

（5）<u>这本书</u>不错。

　　*<u>这本的书</u>不错。

在这种情况下，即使指量词和中心语之间插入了名词，"的"仍旧不可以出现。以例（5）为例，"这本故事书不错"这样的表达成立，但"这本故事的书不错"则不成立。

如果指量词直接做修饰中心语的名词性成分的定语，则中心语前一定要用"的"。在例（3）中，"这座"修饰的是名词性修饰成分"公园"，并非中心语"管理员"；在例（4）中，"那家"修饰的是名词性修饰成分"公司"，并非中心语"员工"。因此，"管理员"和"员工"前必须使用"的"。

在教学中，我们有必要让学生明确中心语和定语的界限，引导其关注指量词指向的究竟是其他修饰成分还是中心语，并在此基础上使其掌握兼有指量词和名词性成分做中心语修饰成分的句法成分排列方式。

49. "他们在前边我们宿舍打网球"错在哪里了？

在"他们在前边我们宿舍打网球"中，"我们宿舍"作为定语，修饰的中心语是"前边"，因此"我们宿舍"应位于"前边"之前，正确的表达应该为"他们在我们宿舍前边打网球"。"前边"属于名词中一个特殊的小类——方位词，同属此类的词还有"后/左/右/上/下/东/西/南/北/里/外（＋边）"等。当这类方位词做中心语时，中心语前的定语大多起到限定处所范围的作用，且以名词性成分居多。比如：

（1）学校在<u>教室南</u>边开了一家超市。

*学校在南边教室开了一家超市。

（2）大礼堂里边坐着很多同学。

*里边大礼堂坐着很多同学。

需要注意的是，并非所有的"定语＋方位词"都表示实际存在的方位或处所范围，有的可以表示抽象的方位或处所范围。比如：

（3）你在我心里边是最重要的人。

如若需要进一步限定中心语，则可以对修饰中心语的定语成分进行进一步的补充说明，即为名词性修饰成分再添加修饰性成分。比如，可以在名词性成分前添加数量短语、指量短语、人称代词、指示代词、名词、形容词等成分。这些成分大多数为限定性成分；但若添加了形容词，则该修饰成分属于描写性成分，而非限定性的。比如：

（4）我们就住在（一个／那个／他们／这／化学／旧）工厂后边。

下面再来看"的"的隐现问题。

当方位词前只有一个定语时，"的"可加可不加。因此，我们可以将标题中的句子改为"他们在宿舍的前边打网球"，将例（1）、（2）改为"学校在教室的南边开了一家超市、大礼堂的里边坐着很多同学"。

当定语进一步被限定时，"的"可以出现在整个定语后，也可以出现在修饰定语的定语后，抑或不出现。因此，"他们在我们宿舍前边打网球"也可以改为"他们在我们宿舍的前边打网球"或"他们在我们的宿舍前边打网球"。但是，"的"在句中只可出现一次，即不可以产出类似"他们在我们的宿舍的前边打网球"这样的表达。

较为特殊的是，在类似例（3）"在我心里边"这样的抽象表达中，不可以添加"的"，将其变为"在我心的里边"，但是可以说"在我的心里边"；而在类似例（4）的表达中，仅有人称代词"他们"后可以在中心语前未出现"的"的前提下添加"的"，其他成分皆不可以，即数量短语、指量短语、指示代词、名词（不包括"人"类）、形容词等修饰中心语前的名词性成分时，不可在二者之间添加"的"。

此外，"的"在类似结构使用中还存在一种特殊情况。当使用"最、正、斜"等定语修饰中心语时，这些修饰成分一定要置于中心语前最接近中心语的位置，且不能在二者之间添加"的"。比如：

（5）画像在校长办公室的正南方挂着。

　　*画像在校长办公室正的南方挂着。

（6）服务员在走廊的最里面打扫卫生。

　　*服务员在走廊最的里面打扫卫生。

在教学中，教师应帮助学生明确界定"方位词"的范畴，并在此基础上进一步拓展定语内容，明确"的"通常可添加的位置及不可添加的位置。

50. "这是一本书新"错在哪里了？

如前所述，在汉语中，定语无论属于什么类别和层级，都应该位于中心语之前。在"这是一本书新"中，"一本"和"新"都作为定语，修饰中心语"书"。因此，"一本"和"新"均应位于"书"之前，正确的表达应该为"这是一本新书"。

在现代汉语中，形容词性成分常常充当中心语的定语，一般用来表示人或事物的性质或状态。在句子中，充当定语的形容词性成分都应位于中心语之前。比如：

（1）幸福的生活才刚刚开始。

（2）她长着一张圆圆的脸。

形容词性的定语多充当描写性定语，其作用是描写，重在说明所描写的人或事物本身，突出人或事物的本体特征，回答"什么样"的问题，说明人或事物的性质、状态、特点等，使语言表达更加准确、形象、生动（杨玉玲，2011）。例（1）和例（2）中的定语都体现了这一特点。

此外，充当定语的形容词性成分可以是单音节形容词，也可以是双音节形容词，还可以是形容词性短语或形容词重叠形式。但是，形容词性成分的音节数量不同，"的"的使用情况也不同。

当单音节形容词做定语时，其后一般不用"的"，但表示强调时可用"的"。以标题中的句子为例，我们可以说"这是一本新书"，也可以说"这是一本新的书，不是旧的书"。

当双音节形容词做定语时，其后一般要加"的"；但有些常用的形容词做定语时，"的"可加可不加。以例（1）为例，我们也可以说"幸福生活才刚刚开始"。

当形容词性短语或形容词重叠形式做定语时，其后"的"必须出现（杨玉玲，2011）。比如：

（3）他是个非常认真的学生。

　　*他是个非常认真学生。

（4）她留着一条长长的辫子。

　　*她留着一条长长辫子。

数量短语可以单独做定语，也可以和形容词性成分结合一起做定语。以例（2）和例（4）为例，其中的"一张"和"一条"分别和形容词重叠式一起构成定语，共同修饰中心语"脸"和"辫子"。需要注意的是，当数量短语和形容词性成分构成双项定语时，数量短语在某些情况下可以位于形容词性成分之后，但一般更倾向于出现在形容词性成分之前。此外，数量短语和形容词性成分之间不可以出现"的"，因此不可以说"这是一本的新书"，也不可以说"她长着一张的圆圆的脸"或"她留着一条的长长的辫子"。

由于形容词性成分做定语修饰中心语较为常见，因此教师有必要积极引导学生树立"形容词性成分通常可以位于中心语之前做定语"的意识，并在此基础上强化数量短语和形容词性成分共同做定语时的正确搭配及表达方式。此外，由于区别词和形容词都能修饰名词做定语，因此学生易将区别词误判为形容词，并将形容词的用法强加于区别词之上。教师可以通过加"不"的方式引导学生鉴别形容词和区别词。形容词前可以加"不"，而区别词前则不行。比如，我们可以说"一本不新的书"，却不可以说"一辆不大型的卡车"，这是因为"新"是形容词，而"大型"是区别词。

51. "我喜欢在电脑中心读书，
因为那是一个地方很安静"错在哪里了？

在"我喜欢在电脑中心读书，因为那是一个地方很安静"中，"很"作为程度副词，在这里起着修饰形容词"安静"的作用。"很安静"和"一个"作为定语，皆应置于中心语"地方"之前。因此，该句的正确表达应为"我喜欢在电脑中心读书，因为那是一个很安静的地方"。

形容词用于表示事物的形状、性质和状态等，可以分为性质形容词（如"好、坏、苦、甜、优秀、聪明"等）和状态形容词（如"雪白、笔直、绿油油、水灵灵"等）。性质形容词大都能受程度副词修饰，比如"很简单、太小"等。而性质形容词的重叠式和状态形容词，或是因为是表情态的，或是因为本身带有某种程度意义，不能再受程度副词修饰（黄伯荣、廖序东，2011）。比如，我们可以说"很好、不太苦、有点儿甜、非常优秀"，却不可以说"很圆圆、太坏坏、很雪白、较笔直、特别绿油油"。

副词种类丰富多样，一般可以限制、修饰动词性、形容词性词语，表示程度、范围、时间等意义。大多数程度副词可以修饰性质形容词，常见的有"很、最、极、挺、太、非常、十分、极其、格外、有点儿、比较、更加"等（黄伯荣、廖序东，2011）。当这些副词与性质形容词搭配修饰中心语时，程度副词和性质形容词之间不可以出现"的"，但定语后、中心语前一定要出现"的"。比如：

（1）这是一位很美丽的姑娘。

　　*这是一位很的美丽的姑娘。

　　*这是一位很美丽姑娘。

（2）我喝了一杯非常甜的饮料。

　　*我喝了一杯非常的甜的饮料。

　　*我喝了一杯非常甜饮料。

数量短语可以直接修饰中心语，用于限定中心语的性质或数量。以例（1）

和例（2）为例，我们也可以说"这是一位姑娘，不是小伙子""我喝了一杯饮料，不是两杯"。

数量短语也可以和形容词或受程度副词修饰的形容词性短语一同修饰中心语。在通常情况下，数量短语位于形容词或形容词性短语之前；只有在某些特别的语境中，为了凸显形容词的特性，数量短语可以位于形容词或形容词性短语后，且"的"必须出现于数量短语之前，不可出现于数量短语之后。比如：

（3）教室里坐着三位很年轻的教师。

　　教室里坐着很年轻的三位教师，年老的教师则全部站在教室外面。

（4）镇子里有一个非常有名的旅游景点。

　　*镇子里有非常有名的一个旅游景点。

例（3）为了突出"三位教师"的特性"很年轻"，将数量短语"三位"置于形容词性短语之后；例（4）并没有突出旅游景点"非常有名"这种特性，所以不能将数量短语置于形容词性短语之后。

在教学中，教师除了需要教授学生如何使用典型程度副词"很"来区分性质形容词和状态形容词之外，也需要让学生掌握一些常用的程度副词，并明确做定语时"的"不可以出现在程度副词和形容词性成分之间，但要出现在中心语之前。此外，数量短语的位置相对灵活，但做定语时一般出现在形容词或形容词性短语之前，且无须在二者之间加"的"。

52. "这是火车去广州"错在哪里了？

在"这是火车去广州"中，"去"和"广州"构成常见的动宾短语，这个短语做定语修饰中心语"火车"。因此，"去广州"应该位于"火车"之前，这个句子的正确表达应该为"这是去广州的火车"。外国学习者之所以产生这样的偏误，可能是受母语的影响。比如母语为英语的学生很可能将"This is the train to Guangzhou."这样的句子直接按照语序逐词翻译出来。

在汉语中，各种短语基本上都能做定语；但依据定语和中心语的基本排列规则，做定语的短语必须全部位于中心语之前。同时，除极个别结合得紧密的定中结构短语外，各类短语与中心语结合时，"的"必须出现在二者之间。比如：

（1）海南姑娘的裙子都充满了夏天的气息。（定中短语做定语）

　　*裙子海南姑娘的都充满了夏天的气息。

　　*海南姑娘裙子都充满了夏天的气息。

（2）研究语法的学者往往都很严谨。（动宾短语做定语）

　　*学者研究语法的往往都很严谨。

　　*研究语法学者往往都很严谨。

（3）她穿了一件洗得发白了的衬衫。（动补短语做定语）

　　*她穿了一件衬衫洗得发白了的。

　　*她穿了一件洗得发白了衬衫。

（4）生活水平高的国家也应该意识到自己的责任。（主谓短语做定语）

　　*国家生活水平高的也应该意识到自己的责任。

　　*生活水平高国家也应该意识到自己的责任。

（5）关于房改的提案非常多。（介词短语做定语）

　　*提案关于房改的非常多。

　　*关于房改提案非常多。

（6）进来参观的客人都很吃惊。（连动短语做定语）

　　*客人进来参观的都很吃惊。

　　*进来参观客人都很吃惊。

较为特殊的是，在某些语境中，由某些短语构成的定语可以出现在中心语之后，但必须以"，"隔开，即形成两个小句。比如：

（7）a. 这是新来的研究专家小李。

　　　b. 这是研究专家小李，新来的。

（8）a. 我买了三条巴黎服装师设计的裙子。

　　　b. 我买了三条裙子，巴黎服装师设计的。

之所以可以产生例（7b）、（8b）这样的表达，是因为第一个小句中已经出现了听话者未知的新信息。在例（7b）中，听话者或许根本不知道"小李"的存在，或许不知道"小李"的样貌，或许见过"小李"但无法将其与某种社会身份匹配起来。在例（8b）中，听话者或许不知道说话者做了什么事，或许不知道说话者买了什么东西，或许不知道说话者买的裙子的数量。正因为说话者提供了新信息，因此前边的小句具有了现实交际意义，说话者之后再对中心语进行进一步的限定和补充是成立的。但是，标题中的句子表达为"这是火车，去广州的"则不那么恰当，这是因为除非在给儿童进行知识科普，否则一般情况下，"这是火车"无法给听话者提供新信息。

　　教师在进行教学时，应使学生明确定语和中心语之间的差别，提醒学生注意汉语和母语的差异，从而避免母语负迁移现象的发生。此外，教师应明确指出，做定语的各类短语和中心语之间基本上都需要使用"的"。如果教学对象为中高级学生，教师可适当对追加定语小句的情况进行补充说明。

53. "她想穿那件衣服你买的"错在哪里了？

　　在"她想穿那件衣服你买的"中，"你"和"买"构成主谓短语修饰中心语"衣服"，"那件"也同样为限定中心语的定语，故"你买"和"那件"都应位于中心语前。这个句子的正确表达应该为"她想穿那件你买的衣服"或"她想穿你买的那件衣服"。

　　主谓短语可以做定语修饰中心语，但定语和中心语之间必须出现"的"。比如：

　　（1）我想喝你泡的茶。

　　　　*我想喝你泡茶。

　　（2）孩子们今天参加了学校组织的春游活动。

　　　　*孩子们今天参加了学校组织春游活动。

　　一般来说，当中心语前的定语有两项时，双项定语排列的最基本规则是限定性定语在描写性定语的前面。比如：

（3）花园里的五彩的花都是他亲手种的。

　　*五彩的花园里的花都是他亲手种的。

在例（3）中，"花园里"是限定性定语，而"五彩"是描写性定语，故"五彩"必须位于"花园里"之后。

从逻辑上讲，跟中心语关系越密切的定语越靠近中心语。比如：

（4）那件羊皮大衣售价一千三百块。

　　*羊皮那件大衣售价一千三百块。

在例（4）中，在与中心语"大衣"的结合上，表示属性或质料的定语"羊皮"显然比指量短语更为紧密，故只可以有"那件羊皮大衣"这一种说法。

但是，指量短语的位置相对灵活，当两项定语和中心语的紧密程度基本一致时，指量短语在定语中的位置可前可后。比如：

（5）a. 那个我喜欢的明星明天来上海开演唱会。

　　b. 我喜欢的那个明星明天来上海开演唱会。

（6）a. 老板批准的那份文件已经打印出来了。

　　b. 那份老板批准的文件已经打印出来了。

在实际语境中，由于说话者有各种语言表达的需求，情况要远比上述讨论的复杂得多，学习者需要结合具体语境选择更为恰当的表达方式。以例（6）为例，说话者想强调或对比的内容不同，选取的表达方式也会不同："老板批准的那份文件已经打印出来了，老板没批准的那份文件还在办公桌上放着""那份老板批准的文件已经打印出来了，这份老板批准的文件还没有打印出来"。在类似这样的对比语境中，双项定语的位置不可随意互换。

在教学中，教师应当培养学生养成区分限定性定语和描写性定语的习惯，并在此基础上让学生明确"限定性定语 + 描写性定语"的基本组合规律。由于学生缺乏语感，教师可以适当要求学生背诵一些较为典型的多项定语句，以提升学生根据典型案例类推句法成分排列顺序的能力。除此之外，教师也应结合具体语境，说明包含指量短语的双项定语在位置上的灵活性。

54. "饮茶是好机会与亲戚、朋友见面"错在哪里了?

标题中的这句话应该改为"饮茶是与亲戚、朋友见面的好机会"。我们可以采用层次分析法进行分析, 具体如下:

（1）饮 茶 是与亲戚、朋友见面的 好 机 会。

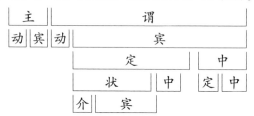

这句话中共有两个定语, 一个是状中短语"与亲戚、朋友见面", 一个是单音节形容词"好", 中心语为"机会"。在汉语中, 定语一般位于中心语的前面, 修饰中心语。所以, 这两个定语都应该位于"机会"前面, 修饰"机会"。单音节形容词"好"做定语, 与"机会"的关系较为紧密, 后边一般不需要加"的"; 状中短语"与亲戚、朋友见面"做定语, 后边通常要加"的"。而且, 加"的"的定语通常放在不加"的"的定语之前, 所以"与亲戚、朋友见面的"要放在"好"的前面。

短语如动宾短语、主谓短语等都可以做定语, 后边都要加"的"; 单音节形容词与中心语之间的关系较紧密, 做定语时后边一般不加"的"。朱德熙（1982）认为, "带'的'的定语一般放在不带'的'定语之前、限定性定语一般在描写性定语之前"。比如:

（2）中国是与家人、朋友游玩的好地方。

　　*中国是好地方与家人、朋友游玩。

（3）我在高中时有在中文班学汉语的好机会。

　　*我在高中时有好机会在中文班学汉语。

（4）冬天, 人们都可以获得去山上滑雪的机会。

　　*冬天, 人们都可以获得机会去山上滑雪。

（5）潮州有记载着历史的旧房子。

　　*潮州有旧房子记载着历史。

在例（2）中，"好"是单音节形容词，修饰中心语"地方"，与中心语的关系较为紧密，后面不需要加"的"；"与家人、朋友游玩"为状中短语，做定语修饰"地方"，后面需要加"的"；而且，"与家人、朋友游玩的"要放在"好"的前面。在例（3）中，"在中文班学汉语"是状中短语做定语，修饰"机会"，后面需要加"的"；"好"是单音节形容词，修饰"机会"，与"机会"关系较为紧密，后面不需要加"的"；而且，"在中文班学汉语的"要放在"好"的前面。在例（4）中，"去山上滑雪"为连动短语做定语，修饰中心语"机会"，后面要加"的"；"去山上滑雪的机会"整体做"获得"的宾语。在例（5）中，"记载着历史"为动宾短语做定语，修饰中心语"房子"，后面需要加"的"；"旧"为单音节形容词，修饰"房子"，描写"房子"的特征，后面不需要加"的"；而且，"记载着历史的"要放在"旧"之前。

教师在教这类句子时，可以告诉学生定语与定语、定语与中心语之间的一般组合规则，即：带"的"的定语＋不带"的"的定语＋中心语；单音节形容词（＋的）＋中心语；短语＋的＋中心语。

55. "情况关于那个学校我不太了解"错在哪里了？

"情况关于那个学校我不太了解"错在中心语"情况"和定语"关于那个学校"位置颠倒，以及介词短语"关于那个学校"做定语，后边遗漏了"的"。而且，"关于那个学校的情况"应该整体做"了解"的宾语。所以，这句话应该改为"我不太了解关于那个学校的情况"。我们可以采用层次分析法进行比较直观的分析，具体如下：

（1）我不太了解关于那个学校的情况。

可以看出，这个句子中共有两层定语，一层是介词短语"关于那个学校"，一层是指示代词"那个"，中心语为"情况"。"那个"为指示代词做定语，表示特指，与中心语"学校"之间是限定关系，其后不需要加"的"；"那个学校"整体做介词"关于"的宾语；"关于那个学校"为介词短语做定语，修饰中心语"情况"，后边要加"的"。"关于那个学校的情况"为定中短语，依然保留了一些名词的句法功能，所以该短语整体做动词"了解"的宾语。

指示代词做定语，与中心语构成限定关系时，后面不用"的"；介词短语做定语时，后面需要加"的"。比如：

（2）老师让我写关于旅游、风景的作文。

　　*老师让我写作文关于旅游、风景。

（3）作为长辈，应增加和子女之间关于兴趣及爱好的话题。

　　*作为长辈，应增加和子女之间的话题关于兴趣及爱好。

（4）我现在关于国内和国外的业务都很熟悉，我想到您这种公司来工作。

　　*我现在关于业务国内和国外的都很熟悉，我想到您这种公司来工作。

（5）我需要在您的公司的工作经验。

　　*我需要工作经验在您的公司。

在例（2）中，"关于旅游、风景"属于介词短语做定语，修饰中心语"作文"，限定"作文"的主题，即应该和"旅游、风景"有关，后面要加"的"；"关于旅游、风景的作文"整体做动词"写"的宾语。在例（3）中，"关于兴趣及爱好"做定语，应放在"话题"的前面，后面要加"的"；"关于兴趣及爱好的话题"整体做动词"增加"的宾语。在例（4）中，"国内和国外"属于并列短语，放在介词"关于"后面做宾语；"关于国内和国外"是介词短语做定语，修饰中心语"业务"，后面要加"的"。在例（5）中，"在您的公司"是介词短语做定语，修饰中心语"工作经验"，限定中心语的范围，即"在您的公司"而不是别的地方，后面需要加"的"；"在您的公司的工作经验"整体做动词"需要"的宾语。

教师在教这类句子时，可以先让学生找出句中的定语和中心语是什么，再告诉学生什么是介词短语或其他类型的短语，然后讲解定语和中心语排序的规则、"的"的使用规则以及定中短语所保留的部分名词句法功能，如做主语、宾语等。

56. "身体谁最好？"错在哪里了？

"身体谁最好？"错在中心语"身体"和定语"谁"位置颠倒，以及表示领属关系的疑问代词"谁"后面遗漏了"的"。这句话应该改为"谁的身体最好？"。我们可以采用层次分析法进行分析，具体如下：

（1）谁的 身体 最 好？

|主||谓|
|定|中|状|中|

在这句话中，疑问代词"谁"做定语，修饰中心语"身体"，"谁"是"身体"的领属者，两者构成领属关系，"谁"的后面要加"的"。"谁的身体"作为定中短语，具有名词的句法功能，可以放在谓语"最好"的前面做主语。

除了表示领属关系的"谁"做定语时后面要加"的"外，表示领属关系的人称代词、名词做定语时，后面也要加"的"，且都位于中心语前。这类定中短语都保留了一定的名词性句法功能，可以整体做主语或宾语。比如：

（2）我听见了<u>姐姐的喊声</u>。

　　*我听见了喊声姐姐的。

（3）为了实现<u>自己的人生目</u>的，每个人都需要努力。

　　*人生的目的是为了自己实现，每个人都需要努力。

（4）<u>我的中国朋友</u>很多。

　　*中国朋友我很多。

（5）<u>上海的夏天</u>很热。

　　*夏天上海的很热。

在例（2）中，名词"姐姐"做定语，且和中心语"喊声"构成领属关系，所以后面加"的"，组合成"姐姐的喊声"；"姐姐的喊声"整体做动词"听见"的宾语。在例（3）中，名词"人生"做定语，修饰中心语"目的"，表示"目的"的一种属性，后面不需要加"的"，"人生目的"组合成一个定中短语；人称代词"自己"做定语，修饰中心语"人生目的"，与中心语"人生目的"构成领属关系，后面要加"的"，组合成"自己的人生目的"；"自己的人生目的"整体做动词"实现"的宾语。在例（4）中，人称代词"我"做定语，与中心语"中国朋友"构成领属关系，后面要加"的"，组合为"我的中国朋友"；"我的中国朋友"在句中整体做主语。在例（5）中，处所名词"上海"做定语，与中心语"夏天"构成领属关系，后面要加"的"，组合成"上海的夏天"；"上海的夏天"在句中整体做主语。

教师在教这类句子时，可以多举几个疑问代词、人称代词、名词做定语，与中心语构成领属关系的例子，让学生了解什么是领属关系，然后再运用定语和中心语的排序规则来造句。

57. "马上要HSK上课了"错在哪里了？

"马上要HSK上课了"错在定语"HSK"和中心语"课"位置颠倒，动词"上"和定中短语"HSK课"位置颠倒。这句话应改为"马上要上HSK课了"。我们可以采用层次分析法进行分析，具体如下：

（1）马上 要 上 HSK 课了。

在这句话中，"HSK"是"中文水平考试"的简称，为专有名词，在此处做定语，修饰中心语"课"，限定了"课"的类别。"HSK课"作为一个名词性定中短语，整体做动词"上"的宾语。

定语和中心语构成定中结构，该结构作为一个整体，其语法功能和中心语的语法功能基本保持一致。比如，中心语是名词，那么定中结构也是名词性的，整个结构具备名词做主语、宾语等的句法功能。那么在句中，定语和动词的位置应该是什么样的？这需要考虑中心语、定语的类别，定语和中心语的关系，定中结构和动词的语义关系，等等。

根据黄伯荣、廖序东（2011）的观点，"有时名词做定语，和中心语构成定中短语，该定中短语表示一种名称"。这时，定语和中心语关系较为紧密，构成一个整体，定语后不需要加"的"。整个定中结构可以放在动词后面做宾语。比如，"课程名称＋课"构成的定中短语可以做动词"上"的宾语，或者"上＋定中短语"可以整体做句子的主语。再如：

（2）我喜欢上<u>中文课</u>。

　　*我喜欢中文上课。

（3）上<u>法语课</u>是我最轻松的时刻。

　　*法语上课是我最轻松的时刻。

（4）上<u>口语课</u>可以帮助我提升汉语水平。

　　*口语上课可以帮助我提升汉语水平。

在例（2）中，"中文"和"课"构成定中短语，表示课程的类型，"中文课"做动词"上"的宾语，"上中文课"做动词"喜欢"的宾语；同样，在例（3）中，"上法语课"做句子的主语，"法语课"做动词"上"的宾语；在例（4）中，"上口语课"做句子的主语，"口语课"做动词"上"的宾语。

此外，表示类别的词充当限定性定语时，构成的定中短语也可以充当宾语。比如：

（5）我觉得学习这本<u>汉语教材</u>很难。

　　*我觉得这本汉语教材学习很难。

（6）我回国以后准备当一名<u>汉语教师</u>。

　　*我回国以后准备汉语教师当一名。

（7）作为<u>班主任老师</u>，他为我们付出了很多。

　　*班主任作为老师，他为我们付出了很多。

在例（5）中，"汉语"作为定语，修饰中心语"教材"，表示"教材"的类别，后面不需要加"的"；"汉语教材"整体做动词"学习"的宾语。在例

（6）中，"汉语"做定语，修饰中心语"教师"，表示"教师"的类别；数量短语"一名"做定语放在"汉语"的前边，"一名汉语教师"整体做动词"当"的宾语。在例（7）中，"班主任"做定语，修饰中心语"老师"，表示"老师"的职衔；"班主任老师"整体做动词"作为"的宾语。

教师在教这类句子时，应该让学生多积累"表示名称、类别的名词做定语，和中心语组合，构成表示特定类别的定中短语，一起做动词宾语"的例子，帮助学生养成语言表达习惯，在此基础上再讲解组合规则。

58. "我的女朋友很喜欢中国吃饭"错在哪里了？

"我的女朋友很喜欢中国吃饭"错在定语"中国"和动词"吃"位置颠倒，应改为"我的女朋友很喜欢吃中国饭"。这个句子可以采用层次分析法进行分析，具体如下：

（1）我的女朋友 很喜欢 吃 中国 饭。

在这句话中，专有名词"中国"做定语，修饰中心语"饭"，表示"饭"的属性为中国风味的；"中国饭"整体位于动词"吃"后做宾语。

有些名词做定语时，表示中心语的性质或属性，与中心语的语义关系较为紧密，这时定语后面不可以加"的"，且两者构成的定中结构可以整体放在动词后做宾语。但学习者往往因为动词和中心语经常联合使用而忽略了定语和中心语的关系，将动词和中心语直接组合成动宾短语进行输出，比如标题中的"吃饭"。

教师在教这类句子时，可以让学生多积累类似"中国饭"这样的定中短语，并讲明该类短语的语义和句法特征。比如名词做定语，表示中心语的属性，整个定中短语具有名词的句法功能，可以做动词的宾语。比如：

（2）我很喜欢吃<u>中国</u>菜。

　　*我很喜欢中国吃菜。

（3）我希望在贵公司做<u>服装</u>工作。

　　*我希望在贵公司服装做工作。

（4）我虽没有上过<u>专门的服装设计</u>学校，但我有信心做好服装设计工作，为贵公司服务。

　　*我虽没有上过服装设计专门学校，但我有信心做好服装设计工作，为贵公司服务。

在例（2）中，专有名词"中国"做定语，修饰中心语"菜"，表示"菜"的属性为中国特色的、中国风味的；"中国菜"整体做动词"吃"的宾语。在例（3）中，名词"服装"做定语，表示中心语"工作"的属性，即"和服装有关的工作"，"服装"后不需要加"的"；"服装工作"整体做动词"做"的宾语。在例（4）中，"服装设计"作为定语，与中心语"学校"的关系更紧密，表示该学校的性质或类别，后面不需要加"的"；"专门"做定语，修饰"服装设计学校"，表示限定；"专门的服装设计学校"整体做动词"上"的宾语。

59. "外国留学生的北京语言大学很多"错在哪里了？

标题中的这句话错在定语"北京语言大学"和定语"外国"位置颠倒，即大范围定语和小范围定语错序，应该改为"北京语言大学的外国留学生很多"。这个句子的层次分析如下：

（1）北京语言大学的 外国 留学生 很 多。

在这句话中，专有名词"北京语言大学"做定语，后面加上"的"，和其修饰的中心语"外国留学生"构成领属关系。名词"外国"做定语，修饰"留学生"，表示"留学生"的属性是"从外国来的"，后面不加"的"。在两个定语中，"北京语言大学"表示大范围，与中心语"留学生"的语义关系较远，而"外国"表示小范围，与中心语"留学生"的语义关系较近。所以根据多项定语的排序规则，"北京语言大学"要位于"外国"前边。

定语和中心语构成定中短语，如果在定中短语前再加上一个或几个定语，就会形成多项定语，如"一件漂亮的白裙子、上海外国语大学的对外汉语教师"等，这两句中的修饰语皆为多项定语。那么，多项定语应该如何排序？这与定语和中心语的语义关系有关，情况比较复杂。黄伯荣、廖序东（2011）对多项定语的一般排列次序进行了总结，如下：

表示领属关系的词语 > 表示时间、处所的词语 > 量词短语或指示代词 > 动词性词语和主谓短语 > 形容词性词语 > 表示质料、属性或范围的名词、动词

除此之外，一般情况下，和中心语关系越密切的定语越靠近中心语；表示大范围的定语放在表示小范围的定语之前，两者之间构成领属关系。比如：

（2）现在北京语言大学学习汉语的外国人很多，兴起了一股汉语热。

　　*现在学习汉语的外国人北京语言大学很多，兴起了一股汉语热。

（3）我在中国北京留学已经三年了。

　　*我在北京中国留学已经三年了。

在例（2）中，专有名词"北京语言大学"做定语，表示大范围，而"学习汉语的外国人"来自"北京语言大学"，属于小范围，两者构成领属关系。根据一般规则，"北京语言大学"后面需要加"的"；同时，动宾短语"学习汉语"做定语，修饰"外国人"，后面也需要加"的"。根据多项定语修饰中心语的一般规则，"的"应位于离中心语最近的定语后面。在例（3）中，专有名词"中国"做定语，修饰中心语"北京"，"北京"是"中国"的首都，所以"中国"是表示大范围的定语，应该位于"北京"的前面。

外国学习者学习这类句子时，往往受英语语序负迁移的影响，将表示小范围的定语放在表示大范围的定语之前，导致偏误产生。教师在教这类句子时，可以将汉语句子和对应的英语翻译对比着讲解，让学生清楚地了解两种语言的语序差异，然后再结合丰富的语例，讲解多项定语的一般排序规则，并及时让学生操练。

60. "小漂亮的房间"错在哪里了?

　　"小漂亮的房间"错在定语"小"和"漂亮"的排列顺序有误,应改为"漂亮的小房间"。这两个定语属于递加式多项定语,即两个或两个以上的定语依次排列在中心语前,离中心语近的先修饰中心语,随后这个定中短语又做中心语被前面的定语修饰,如此叠加。

　　定语从形式上分为组合式定语和黏合式定语两类。组合式定语多带"的",一般位于远离中心语、靠前的位置;黏合式定语多不带"的",一般位于靠近中心语名词的位置。"漂亮的小房间"中的"漂亮"属于组合式定语,"小"属于黏合式定语。

一、黏合式定语

　　黏合式定语可由区别词、单音节性质形容词以及部分名词、动词充当,后面通常不带"的"。这类定语主要从中心语所指代的事物本身入手,对其外貌特征、内部的性质特点、功用价值等进行描述。具体可以分为以下四类:

(一)由区别词构成的黏合式定语

　　区别词是只能在名词或者助词"的"前面出现的黏着词,主要用作定语,后面可以不加"的"直接修饰名词。它是表示事物属性特征的一类词。根据定语与中心语的语义关系,区别词分为以下五类:

　　1.表示事物的式样款式、新旧类别、大小型号等的

　　(1)朝阳产业　　　　单口相声

　　　　*朝阳的产业　　　*单口的相声

　　2.表示事物的数量、频率、时间、程度等的

　　(2)小额贷款　　　　应届毕业生

　　　　*小额的贷款　　　*应届的毕业生

3. 表示事物等级、级别次序等的

（3）高等数学　　　　　副主任

　　　*高等的数学　　　*副的主任

4. 表示事物外观、状态、形式等方面的征象或标志的

（4）书面检查　　　　　实心球

　　　*书面的检查　　　*实心的球

5. 表示一种事物区别于他种事物的根本特征的

（5）刑事责任　　　　　冒牌货

　　　*刑事的责任　　　*冒牌的货

（二）由形容词构成的黏合式定语

　　形容词充当定语时，单音节性质形容词后一般不加"的"，其与中心语结合得比较紧密，组成的结构指称性更强。比如：

（6）短裤　　　　好人

　　　*短的裤　　*好的人

（7）高僧　　　　长桥

　　　*高的僧　　*长的桥

（8）小红花　　　大马路

　　　*小的红花　*大的马路

（9）坏学生　　　矮房子

　　　*坏的学生　*矮的房子

（三）由名词构成的黏合式定语

　　和其他词类相比，部分名词做定语往往是对中心语加以说明，表示事物本身的属性，比较靠近中心语，后面不带"的"。比如：

（10）玻璃茶几　　　　水泥地板

　　　*玻璃的茶几　　　*水泥的地板

（11）山西陈醋　　　　金华火腿

　　　　*山西的陈醋　　　　*金华的火腿

（12）茶叶罐子　　　　黑板刷子

　　　　*茶叶的罐子　　　*黑板的刷子

（13）英语老师　　　　喜剧演员

　　　　*英语的老师　　　*喜剧的演员

（四）由动词构成的黏合式定语

　　有些及物动词做定语时，它的修饰作用在意义上已经和中心语融为一体了，二者共同构成对事物的指称，已经作为熟语为人们所接受，定语与中心语之间不加"的"。比如：

（14）参考文献　　　复习资料　　　旅游景点　　　开发项目

　　　　*参考的文献　*复习的资料　*旅游的景点　*开发的项目

　　当双音节动词充当定语修饰名词中心语构成的定中结构为专有名词时，定语与中心语之间也不加"的"。比如：

（15）毕业论文　　　比较文学　　　应用语言学　　　批判现实主义

　　　　*毕业的论文　*比较的文学　*应用的语言学　*批判的现实主义

二、组合式定语

　　组合式定语可由各种短语、名词、动词、形容词充当，后面通常需要加"的"。这类定语主要是对事物本身的样貌、情状、特征等方面进行描述，也可以对中心语起限定作用。其内部形式多样且意义丰富，主要分为以下两类：

（一）对事物的领属、所处空间和时间进行主观评价或者客观描写的

（16）我的笔记本　　明天的课

　　　　*我笔记本　　　*明天课

（二）对事物本身的样貌、情状、特征等进行描述的

（17）微笑的老师　　同情的目光　　战争的故事　　胖乎乎的孩子　　美丽的景色

　　*微笑老师　　*同情目光　　*战争故事　　*胖乎乎孩子　　*美丽景色

　　黏合式定语与组合式定语的内部都分别有着较为复杂的排序规则，但通常情况下，当二者共同构成递加式多项定语时，组合式定语均应位于黏合式定语的前面。比如：

　　（18）宽阔的大马路　漂亮的英语老师　胖乎乎的小孩子　精美的茶叶罐子
　　　　　　*大宽阔的马路　*英语漂亮的老师　*小胖乎乎的孩子　*茶叶精美的罐子

　　在"小漂亮的房间"中，"小"为黏合式定语，"漂亮"为组合式定语，二者共同构成递加式多项定语时，组合式定语应位于黏合式定语的前面。"小"较"漂亮"距离中心语的位置应当更近，正确的语序应为"漂亮的小房间"。

61. "上海的格子丝绸唐装"错在哪里了？

　　"上海的格子丝绸唐装"是一个包含三项并列式定语的短语，其中，"上海、丝绸、格子"是由名词充当的定语。这个短语的正确表达应当是"上海的丝绸格子唐装"。

　　从理论上讲，表示范围的名词做定语（如"上海"）、表示事物本身质地的名词做定语（如"丝绸"）和表示事物类属的名词做定语（如"格子"），后者应该比前者更靠近中心语。之所以如此，是因为不同定语的语义属性不同。

（一）名词充当的定语语义属性

　　我们先来看以下四种语义属性：

　　1. 由名词构成的范围类定语

　　该类定语是对中心语进行范围上的限定，属于事物的客观属性，包括时间范围、空间范围、领属范围。比如：

　　（1）法国时装周　上海大学教授　中国电影　早间新闻

　　2. 由名词构成的整合类黏合式定语

　　该类定语也可以称为"融合类定语"，是对中心语的某一个特殊关联的区别特征进行说明，可以视为该中心语的特殊标记，需要一定的背景知识才能够理解。这种定语所构成的定中短语一般表示专门的概念，类似于专有名词。比如：

（2）华北平原　四川泡菜　绍兴黄酒　北京烤鸭

3. 由名词构成的质地类定语

该类定语表示中心语的质地属性，是对中心语的性质进行客观说明。比如：

（3）石头凳子　貂皮大衣　玻璃杯子　木头桌子

4. 由名词构成的类属类定语

（4）儿童书店　斜纹衬衫　木本植物

（二）名词充当的多项定语的一般排列顺序

一般情况下，当多项由名词构成的定语共现时，整合类黏合式定语与中心语的紧密度最强，其次是类属类，再次是质地，最后是范围类。通常情况下，由多个名词充当的并列式定语是不可以随意调整语序的。具体如下：

1. 范围类定语共现时

（5）中国港口城市

　　　*港口中国城市

（6）上海师范大学终身教授

　　　*终身上海师范大学教授

当范围类定语共现时，语义统辖范围大的排列在语义统辖范围小的定语前面；并且，表示空间范围的定语通常优先于表示时间范围的进行排序。

2. 范围类定语与整合类定语共现时

（7）美国次贷危机

　　　*次贷美国危机

（8）三星平板电脑

　　　*平板三星电脑

3. 范围类定语与类属或质地类定语共现时

（9）中国文化使者

　　　*文化中国使者

　　　　（10）个人交通费用

　　　　　　*交通个人费用

　　4.类属类、质地类与整合类定语共现时

　　　　（11）塑料文件袋

　　　　　　*文件塑料袋

　　　　（12）高脚玻璃杯

　　　　　　*玻璃高脚杯

（三）名词充当的多项定语的特殊排列顺序

　　在一些特殊情况下，由多个名词充当的定语也可以交换位置。具体分为以下两种情况：

　　1.范围类定语共现时

　　　　（13）明清时期北京建筑

　　　　　　北京明清时期建筑

　　　　（14）万科长沙分公司

　　　　　　长沙万科分公司

　　2.类属或质地类定语共现时

　　　　（15）丝绸绣花衬衫

　　　　　　绣花丝绸衬衫

　　　　（16）针织纯棉连衣裙

　　　　　　纯棉针织连衣裙

　　现在我们再看一下标题中的短语。在"上海的格子丝绸唐装"中，"上海"表示范围，"格子"表示类属，"丝绸"表示质地，"唐装"是中心语名词。根据名词充当多项定语的一般排列规则，这个短语的正确排序是"上海的丝绸格子唐装"。

　　一个有趣的现象是，当名词"格子"前出现单独的定语时，比如"花格子"，整个定语则需要移到"丝绸"的前面，即"上海的花格子丝绸唐装"。这是因为"格子"前添加了"花"，便由原来的类属定语变为状态定语。

62. "那个我们学校的操场很小"错在哪里了？

"那个我们学校的操场很小"中的指示代词"那个"为指量范围性定语，对中心语"操场"进行限定；而定中短语"我们学校"为领属范围性定语，限定中心语"操场"的归属。当二者共现时，应当遵循领属范围性定语先于指量范围性定语排列的规则。因此，这个句子的正确语序为"我们学校的那个操场很小"。这里所反映的定语问题，同定语的语义属性及定语语序密切相关，涉及限定性定语内部领属范围性定语、时空范围性定语、数/指量范围性定语的语序排列。

（一）领属范围性定语

领属范围性定语指在事物的领属关系方面对中心语进行限定的定语。根据定语和中心语的关系，领属范围性定语可分为两类：

1. 定语与中心语为领有关系，即"A的B"表示"A拥有B"

（1）我的自行车　李明的背包　他的眼睛　老师的电脑

2. 定语与中心语为亲属或社会关系

（2）校长的孩子　他的朋友　我的同事　你的弟弟

在领属范围性定语中，当人称代词做定语，表示领属者时，其后一般要加"的"；但当中心语是国家、集团、机关、亲属时，其后有时可以不加"的"。比如：

（3）我们的学校→我们学校

（4）他的单位→他单位

（5）我的妻子→我妻子

（二）时空范围性定语

时空范围性定语是指在时间或空间上对中心语进行限定的定语。根据定语和中心语的关系，时空范围性定语可分为两类：

1. 定语表示中心语所处的时间点或时间段

（6）明天的课程　两个月的假期　一个星期的比赛

2. 定语表示中心语所处的空间位置

（7）操场上的学生　广场的灯光　湖面的喷泉

（三）数 / 指量范围性定语

数 / 指量范围性定语是指在数量 / 指代上对中心语进行限定的定语，也可分为两类：

1. 由数量短语充当的定语

（8）两个学生　三位客人　一本书

2. 由指量短语充当的定语

（9）那个孩子　这所学校　那些学生

（四）限定性定语内部的排列顺序

限定性定语通常距离中心语较远，内部的排列顺序也较为灵活。当出现共现情况时，限定性定语内部通常遵循领属范围性定语距离中心语最远，时空范围性定语次之，数 / 指量范围性定语距离中心语最近的排列顺序。具体如下：

1. 领属范围性定语要先于时空范围性定语排列

（10）他背包里的书

　　　*背包里他的书

（11）我书房的桌子

　　　*书房我的桌子

2. 领属范围性定语要先于数 / 指量范围性定语排列

（12）他那个计划

　　　*那个他的计划

（13）你那辆自行车

　　　*那辆你的自行车

3. 时空范围性定语要先于数 / 指量范围性定语排列

（14）去年那件事

　　　*那件去年的事

（15）校园那个凉亭

　　　*那个校园的凉亭

63. "一本我的书"错在哪里了？

在汉语中，数量短语做定语时的位置比较灵活。在多项定语中，数量短语作为限定性定语中的一个小类（即数／指量范围性定语），应位于领属范围性定语、时空范围性定语之后。在"一本我的书"中，"我的书"中的"我"属于领属范围性定语，表示"我拥有书"或"我写的书"；"一本"则是由数量短语充当的数／指量范围性定语，从数量上对中心语"书"进行限定。当二者共现时，领属范围性定语要先于数／指量范围性定语排列。因此，"一本我的书"的正确语序为"我的一本书"。

数量短语充当的定语在多项定语中的位置较为复杂。数量短语作为组合式定语，一定要位于黏合式定语前，即位于由区别词、单音节性质形容词以及部分名词、动词构成的定语前。具体如下：

1. 数量短语位于由区别词构成的黏合式定语之前

（1）一段单口相声

　　　*单口一段相声

（2）两份书面检查

　　　*书面两份检查

（3）一个老式房子

　　　*老式一个房子

（4）三间民办学校

　　　*民办三间学校

（5）几件小号衣服

　　　*小号几件衣服

（6）一批应届毕业生

　　*应届一批毕业生

2. 数量短语位于由单音节性质形容词构成的黏合式定语之前

（7）几条短裤

　　*短几条裤

（8）一个矮房子

　　*矮一个房子

（9）几个好孩子

　　*好几个孩子

（10）一件薄衬衫

　　*薄一件衬衫

（11）两幢高楼

　　*高两幢楼

（12）一个胖娃娃

　　*胖一个娃娃

3. 数量短语位于由名词构成的黏合式定语之前

（13）一个茶叶罐子

　　*茶叶一个罐子

（14）一位英语老师

　　*英语一位老师

（15）几块瑞士手表

　　*瑞士几块手表

（16）两双木头筷子

　　*木头两双筷子

（17）一瓶山西陈醋

　　*山西一瓶陈醋

（18）一批儿童服装

　　*儿童一批服装

4. 数量短语位于由动词构成的黏合式定语之前

（19）一篇毕业论文

　　　*毕业一篇论文

（20）几个旅游景点

　　　*旅游几个景点

（21）一份调查报告

　　　*调查一份报告

（22）一种阅读方法

　　　*阅读一种方法

（23）两套复习资料

　　　*复习两套资料

数量短语作为限定性定语本应位于描写性定语之前，但有时为了突出描写作用，也可以将描写性定语提至数量短语前。形容词重叠式做定语时，也可以出现在数量短语之前。比如：

（24）一个大大的园子→大大的一个园子

（25）三本厚厚的书→厚厚的三本书

（26）两个红红的苹果→红红的两个苹果

（27）几件薄薄的衬衣→薄薄的几件衬衣

（28）两棵高高的枣树→高高的两棵枣树

（29）一片矮矮的平房→矮矮的一片平房

有副词修饰的单音节形容词或多音节形容词做定语时，也可以出现在数量短语之前。比如：

（30）一轮很圆的明月→很圆的一轮明月

（31）几间很破的木屋→很破的几间木屋

（32）两架很大的直升机→很大的两架直升机

（33）一个很宝贵的机会→很宝贵的一个机会

（34）一件非常漂亮的衣服→非常漂亮的一件衣服

（35）一份特别详细的报告→特别详细的一份报告

64. "他是一位学校里的好老师"错在哪里了?

在"他是一位学校里的好老师"中,"学校里"属于领属范围性定语,表示"老师是属于学校的";"一位"是由数量短语充当的数／指量范围性定语,在数量上对中心语"老师"进行限定。当二者共现时,多项定语应当遵循领属范围性定语要先于数／指量范围性定语排列的规则。因此,这句话的正确语序为"他是学校里的一位好老师"。

领属范围性定语内部分为表示"领有"关系和"亲属(社会)"关系的两小类。一般情况下,二者共现时构成套叠式多项定语,即"领有"关系、"亲属(社会)"关系类定语优先构成修饰与被修饰的关系,之后再对中心语进行修饰。比如:

(1)他妻子的工作很不错。

(2)我爸爸的朋友来了。

在例(1)中,"他"先修饰"妻子","他妻子"再作为定语修饰"工作"。同理,在例(2)中,"我"先修饰"爸爸","我爸爸"再作为定语修饰"朋友"。

时空范围性定语内部可分为表示时间的和表示中心语所处位置的。当时间范围性定语与空间范围性定语共现时,二者的先后顺序不固定。比如:

(3)明天在操场的活动

　　　*在操场明天的活动

(4)两个月的欧洲旅行

　　　*欧洲两个月的旅行

(5)白天校园里的学生

　　　*校园里白天的学生

(6)元旦外滩的灯光秀

　　　*外滩元旦的灯光秀

(7)箱子里三十年前的衣服

　　　*三十年前箱子里的衣服

（8）冰箱里昨天的水果

　　*昨天冰箱里的水果

　　数／指量范围性定语可以分为由数量短语充当的数量范围性定语和由指量短语充当的指量范围性定语。当二者共现时，多项定语一般遵循指量范围性定语优先于数量范围性定语排列的规则。比如：

（9）那三个学生

　　*三个那学生

（10）这三辆自行车

　　*三辆这自行车

（11）这几句话

　　*几句这话

（12）这一场欢送会

　　*一场这欢送会

　　因此，限定性定语内部领属范围性定语、时空范围性定语、数／指量范围性定语的排列顺序一般为：领属范围性定语 > 时空范围性定语 > 指量范围性定语 > 数量范围性定语。比如：

（13）我桌子上的那个水杯谁拿走了？

（14）他箱子里上学期的那些课本都拿去卖了。

（15）让我想起我们学校去年的那场毕业晚会。

（16）他爸爸书房里的那几本旧书很有价值。

65. "这是一道我在上海最喜欢吃的中国菜" 错在哪里了？

　　标题中的这句话错在多项定语的语序不对，定语"一道"应该位于定语"最喜欢吃的"之后。所以，这个句子的正确表达是"这是我在上海最喜欢吃的一道中国菜"。

　　为什么"一道"需要放在"最喜欢吃的"后面？

一般来说，数量短语做定语时应位于描写性定语之前；但如果为了特殊的表达目的，数量短语充当的定语也可以位于描写性定语后。刘月华、潘文娱、故韡（2001）认为，为了突出描写性作用，描写性定语（名词除外）可提至数量短语前；并且，这些描写性的词语都可移到数量短语之前。比如：

（1）突然，天空中出现了年轻而快活的一抹红色。

（2）这里住了大小一共二十八个部门单位。

（3）盛开的桃花、丁香混成那么浓的一股香味。

（4）弯弯曲曲一千多条小路，你找哪一条？

（5）他不知不觉选择了最简单的一种工作方法。

参照刘月华、潘文娱、故韡（2001）的说法，在多项定语中，数量短语充当定语时位置如下：

限定性定语 + 数量短语 + 描写性定语

在"这是我在上海最喜欢吃的一道中国菜"中，"我在上海最喜欢吃的"是描写性定语，由主谓短语充当；"在上海"是介词短语，充当"最喜欢"的状语，表示处所，对"我最喜欢吃的一道中国菜"有限定范围的作用。

一般情况下，如果前面有限定性定语，为了表达的需要，数量短语和描写性定语是可以调换顺序的，如上面例（1）～（4）；但例（5）中的描写性定语"最简单的"比较特殊，只要前面有限定范围的定语或状语，描写性定语"最X的"一定要放在数量短语的前面。比如：

（6）她是我们班最勤奋的一位同学。

（7）她是我遇到过的最美丽的一位姑娘。

在例（6）、（7）中，"最勤奋的"和"最美丽的"都不能与"一位"调换顺序。

66. "一辆刚买来的我的自行车丢了"错在哪里了？

标题中的这句话的正确说法应该是：

（1）我刚买来的自行车丢了。

"一辆刚买来的我的自行车丢了"存在两处错误：一是"刚买来的"与"我的"不是多项定语的关系，应该是"我刚买来"这一主谓短语加"的"做定语修饰"自行车"，正确的说法是"我刚买来的自行车"；二是从社会交际的角度看，表示数量的定语"一辆"成分赘余，因为无论是个人还是家庭，一般不会同时买多辆自行车，所以无论是"一辆我刚买来的自行车"还是"我刚买来的一辆自行车"，接受度都不高。

第一处错误涉及多项定语还是主谓短语做定语的问题。首先，在意义上，主谓短语存在明显的陈述关系，多项定语之间不存在这种关系。比如：

（2）妈妈收到了<u>我前几天买的</u>母亲节礼物。

（3）我看着空荡荡的教室想起了<u>老师说的</u>话。

在例（2）、（3）中，"我前几天买的"和"老师说的"都是主谓短语做定语。

其次，从认知角度看，两个句法单位的相对次序取决于它们所表示的概念领域里的时间顺序。比如：

（4）我吃完饭预习新课文。

在例（4）中，"我"是先发生"吃饭"这个动作，再发生"预习"这一动作。

在概念领域中，例（1）应该是先发生"我买"这个动作，然后产生"自行车是我的"这一结果；相应地，"我"与"刚买来"的相对次序应该是"我"在"刚买来"之前。

第二处错误涉及"一 + 量 + 名"和"X + 量 + 名"的差异。"一 + 量 + 名"和"X + 量 + 名"的语义焦点不同，前者在于名词，而后者在于数词"X"。试比较如下句子：

（5）我刚买的<u>糖葫芦</u>化了。

（6）我刚买的<u>三串儿糖葫芦</u>全化了。

（7）? 我刚买的<u>一串儿糖葫芦</u>化了。

例（7）的可接受度较低的原因在于"一 + 量 + 名"做主语的标记性弱。"一串儿糖葫芦"的数值意义较弱，语义上传达的信息等同于例（5），无强调的必要，属于<u>重复赘余</u>。而例（6）的"三串儿糖葫芦"做主语是典型的，无标记的，数值意义较强，语义上是为了表达确定的数量和事物。

67. "那本你从图书馆借来的书被我弄丢了"
错在哪里了？

　　标题中的这句话错在递加式多项定语的语序不对，定语"那本"应该位于"你从图书馆借来的"之后。这句话的正确表达应该是：

　　（1）你从图书馆借来的那本书被我弄丢了。

　　在例（1）中，"那本"和"你从图书馆借来的"都是限定性定语，都对中心语所指代的事物起定位作用。限定性定语内部的常规顺序是：

　　表领属关系的名词或代词 > 处所词和时间词 > 表示范围的定语 > 表示数量的定语

　　其中，表示数量的定语的语义特征除了［＋数量］，还有［＋指别］。当［＋指别］定语和［＋数量］定语共现时，二者的一般顺序为：［＋指别］>［＋数量］。例（1）中的"那本"属于表示数量的定语，"你从图书馆借来的"属于表示范围的定语，所以正确的语序是"你从图书馆借来的"位于"那本"之前。如果是多个描写性定语连用，一般来说，它们内部的顺序是：

　　指量短语 > 主谓短语 > 形容词或形容词性短语 > 不带"的"的表属性、质料等的名词、形容词

　　可以看出，如果没有表领属的词语充当定语，指量类定语（指示代词＋量词）居于最前面。比如：

　　（2）那个个子高高的漂亮的藏族姑娘……

　　（3）那些经济发达的沿海地区早就实行了这种制度。

　　当表领属的词语与表指别的词语一起充当定语时，表领属的词语总是在前面，即：领属 > 指别。比如：

　　（4）她的那条红裙子……

　　（5）爸爸的那个远房亲戚又来了。

　　学习者能够理清表领属的定语和表指别的定语的先后顺序，就能够在习得过程中避免相关偏误的产生。把递加式多项定语进行总体排序的话，大致顺序如下（刘月华、潘文娱、故铧，2001）：

①领属性名词 / 代词；

②处所词和时间词互为先后；

③处于描写性定语前面的数量短语；

④主谓短语、介词短语、动词性词语；

⑤处于限定性定语后面的数量短语；

⑥形容词性词语；

⑦描写性名词。

68. "我哥哥买了很漂亮的一件礼物"错在哪里了？

标题中的这句话错在递加式多项定语的语序不对，定语"很漂亮"应该位于定语"一件"之后。这句话的正确表达是：

（1）我哥哥买了一件很漂亮的礼物。

递加式多项定语可以分为限定性定语和描写性定语。一般来说，限定性定语是从外部环境对中心语进行限定，不涉及中心语的内部特征和作用。这类定语在排序上常常处于外围的位置，离中心语往往比较远。这种外围性限定性定语主要分为三类：领属、空间、数量。

在例（1）中，"一件"是典型的表示数量的定语，属于外围性限定性定语。"很漂亮"是描写性定语，属于中心语本身所指事物的修饰性、描写性成分，它的作用在于对中心语"礼物"进行客观评价。这类定语在排序上要比外围性限定性定语更靠近中心语。比如：

（2）她是一个很开朗的小姑娘。

（3）我从书店买了几本包装精美的英文书。

从认知角度看，这种排序符合距离象似原则，即作用于概念外延的限定性定语距离中心语远，作用于概念内涵的描写性定语距离中心语近。

但是，也存在"描写性词语 + 数量短语"一起充当定语的情况。比如：

（4）雪白一件衣服

（5）典型两个白领

这类结构相对比较特殊，具有强烈的修辞色彩，其中的形容词具有较高的可区别度，整个定中结构具有主观评价义（李占炳、范倩倩，2019）。

当形容词重叠式做定语时，后面一般要出现"的"，无论形容词重叠式与数量短语的顺序孰先孰后。比如：

（6）a. 两张干干净净的桌子

　　 b. 干干净净的两张桌子

（7）a. 一片碧绿碧绿的田野

　　 b. 碧绿碧绿的一片田野

以上所说的"描写性词语＋数量短语"一起充当定语的现象，属于文学语言中常见的，不是教学中的重点。

69. "这是基本的对自己要求"错在哪里了？

标题中的这句话错在多项定语的语序不对，句中的定语顺序应该为：对自己＞基本。其中，"对自己"后要加"的"，"基本"后不加"的"。所以，正确的表达应该是：

（1）这是对自己的基本要求。

"对自己"是典型的介词短语，做定语时，后面必须带"的"。介词短语做定语一般表示从外部限定中心语的范围，属于限定性定语。"基本"是性质形容词，表示中心语的内在性质，属于描写性定语。限定性定语一般位于描写性定语之前。

描写性定语多由形容词或形容词性短语、名词或名词性短语、动词或动词性短语等充当，内部语义较为复杂。一般由简单的性质形容词，如"好、白、优秀"等充当的描写性定语比较靠近中心词，后面不带"的"，如"客观标准、真实情况"。

所以，根据"限定性定语一般位于描写性定语之前"这一常规语序，"对自己"应在"基本"之前。除语序问题外，说话者还要根据定语本身的特点考虑带不带"的"的问题。一般来说，动词性短语、主谓短语、介词短语做定语时后面都必须带"的"，而简单的性质形容词、区别词做定语时后面不带"的"。

需要注意的是，并非所有的限定性定语都必须位于描写性定语前。当描写性定语比较长且需要突出强调时，限定性定语可以位于描写性定语后面。比如：

（2）今天我把青藏高原最壮丽、最漂亮的这一部分都看成我的故乡。

（3）青悠悠的那个岭，绿油油的那个山。

另外，如果两个定语都是限定性的或描写性的，一般来说，带"的"的定语放在不带"的"的定语前面。比如：

（4）又香又甜的大锅贴

（5）漂亮的花裙子

（6）昨天买的三本书

（7）我想找的那个人

例（4）、（5）中是两个描写性定语连用，例（6）、（7）中是两个限定性定语连用。

70. "那家工厂生产了塑料的优质的很多产品" 错在哪里了？

标题中的这句话错在多项定语的语序不对，句中的定语顺序应该为：很多 > 优质 > 塑料。所以，正确的表达是：

（1）那家工厂生产了很多优质的塑料产品。

定语可以分为限定性定语和描写性定语，描写性定语又可以分为动状类定语和性状类定语。动状类定语基本由动词或动词性短语充当。比如：

（2）你说的话和做的事情我都记得。

性状类定语是典型的定语，通常由名词、形容词、区别词充当，又可以分为性质和状态两类。在例（1）的三个定语中，"很多"是有程度副词修饰的形容词，与单纯的性质形容词的区别是，后者表示性质，前者表示这种性质的状态或情态，所以"很多"属于状态类；"优质、塑料"反映的是事物本身稳定的内在性质，属于性质类。性状类定语内部遵循的常规语序是：状态 > 性质。这符合认知上的距离象似原则，所以"很多"应位于"优质"和"塑料"之前。再如：

（3）我买了<u>几个香喷喷的牛肉</u>包子。

"塑料"和"优质"的区别在于："塑料"表示中心语的属性。从语义上看，表属性的定语有新旧、形状、颜色、质料、功能及其他。这些属性与中心语所指代的事物联系稳定、紧密，表示这些属性的定语与中心语的距离最近，后面一般不加"的"，所以定语"塑料"应该排在其他定语之后，紧跟中心语"产品"且后面不加"的"。表示这些属性的定语内部的常规排序为：新旧 > 形状 > 颜色 > 质料 > 功能及其他。比如：

（4）我不喜欢<u>这件旧羊皮</u>大衣。

（5）这是<u>小李新买的黑色高帮</u>篮球鞋。

综合以上分析，例（1）中的定语排序应为：很多 > 优质 > 塑料。遵循的第一个规则是：状态 > 性质。而在"性质"这一小类中，遵循的规则是表示中心语属性的定语一般紧挨着中心语。

在实际教学中，教师应该特别注意学生的多项定语语序问题，让学生了解不同语义属性的定语及其在多项定语中对应的位置。

71. "我很喜欢精美的那本我的汉语词典" 错在哪里了？

标题中的这句话错在宾语中的定语"精美、那本、我"位置不当，应改为：

（1）我很喜欢<u>我那本精美的汉语</u>词典。

对这个句子，我们可以做如下分析：

我很喜欢　　我　　　　　那本　　　　　　精美　　　的　　<u>汉语</u> 词典。

　　　　（谁的）　（这/那 + 数量）　（怎么样的）　　　　（什么）

可以看出，例（1）的宾语是一个典型的多项定语短语。其中，表示领有者的定语"我"应放在表示定指的定语"那本"及表示性状的定语"精美"的前面，而表示定指的定语"那本"应该放在表示性状的定语"精美"的前面。

在现代汉语中，多项不同语义类别的定语有一个相对固定的排列顺序。要掌握这个排列顺序，首先要了解汉语定语的语义属性类别及不同类型的复杂定语。

（一）关于定语的语义属性类别

实词和短语大都可以做定语。从表义作用上看，定语可以分为限定性定语和描写性定语两大类，这两类定语还可以细分为不同的语义类别。

限定性定语对中心语所指代事物的范围加以限制，使中心语事物能与同类的事物区别开。它的作用主要是给事物分类，增加语言的准确性、严密性，一般能回答"哪一种或哪一类的、多少、何时何地"等问题。在限定性定语中，有一种是表示同一关系的，即定语和中心语所指的内容一致。如果把其中的结构助词"的"换成"这个"，整个定中短语就可以转化为同位短语。比如：

（2）两公婆吵架的小事→两公婆吵架这件小事

描写性定语多数在语义上对中心语事物加以描写或形容。它的作用主要是描述人或事物的性质、状态，突出其本来就有的某一特性，增加语言的形象性、生动性，一般能回答"什么样的"等问题。

（二）不同类型的复杂定语

在定中短语中，中心语前边的定语可以由词充当，也可以由短语充当，而且常常不止一项。中心语前的复杂定语常见的有以下三种：

1. 定中短语做定语

（3）我同学父亲的朋友

在例（3）中，中心语"朋友"的定语"我同学父亲"本身也是一个定中短语，"父亲"前边的"我同学"是用于修饰"父亲"的，而不是修饰"朋友"的。

2. 联合短语做定语

（4）红的黄的白的菊花

在例（4）中，定语"红的、黄的、白的"分别修饰中心语"菊花"，它们共同构成联合短语。

3. 多项定语

定中短语加上定语，就形成了多项定语。各项定语共同修饰一个中心语，而且它们之间不构成联合短语。比如：

（5）我们学校的两位三十多岁的优秀语文老师去上海开会了。

"我们学校的两位三十多岁的优秀语文老师"是一个典型的多项定中短语，"我们学校、两位、三十多岁、优秀、语文"层层叠加，共同修饰中心语"老师"，而且它们之间不构成联合短语。

（三）多项定语的语序

在多项定语中，各项定语之间有一个较为固定的语序。比如，我们可以说"我很喜欢我那本精美的汉语词典"，却不能说"我很喜欢精美的那本我的汉语词典"。多项定语的排列次序比较复杂，从最外层算起，一般次序如下：

①表示领属关系的词语（表示"谁的？"）

②表示时间、处所的词语（表示"什么时候？什么地方？"）

③指示代词或量词短语（表示"多少？"）

④动词性词语和主谓短语（表示"怎么样的？"）

⑤形容词性词语（表示"什么样的？"）

⑥表示质料、属性或范围的名词、动词（表示"什么？"）

即：

谁的 + 什么时候 / 什么地方的 + （这 / 那）数量 + 怎么样的 + 什么样的 +

　①　　　　②　　　　　　③　　　　　④　　　　　⑤

什么 + 中心语

　⑥

比如：

（6） 她　　　那件　　　新　　羊皮　大衣是我送的。

　　（谁的）（这 / 那 + 数量）（什么样的）（什么）

（7）我买了 <u>一本　　非常有意思　的　英文　　小说</u>。
　　　（数量）（什么样的）　（什么）

（8）<u>我们　　　学校　的　两位　三十多岁　的　优秀　　语文　老师</u>
　　（谁的）（什么地方的）（数量）（怎么样的）（什么样的）　（什么）

　　　去上海开会了。

　　在教学时，教师应着重强调多项定语的语序，可以通过格式化的方法进行总结，以避免学生在使用时出现语序不当的偏误。

72. "商店在路上特别有意思"错在哪里了？

　　标题中的句子由于定语的错位造成了谓语的杂糅。该句的中心语是"商店"，表示处所的介词短语"在路上"本来应做限定性定语，但被错误地放在了被修饰的名词"商店"的后面，导致前半句变成了动词谓语句"商店在路上"；而后半句"（商店）特别有意思"是描述商店特征的形容词谓语句。这两个结构杂糅在一起，造成了语句结构的混乱。很明显，这个句子是英语 "The shop on the road is very interesting." 的直译，说话者不仅把定语"在路上"放在了中心语的后面，还遗漏了结构助词"的"。

　　因此，我们可以将"在路上"作为限定性定语挪到中心语的前面，同时在其后加上结构助词"的"，即将标题中的句子修改成"（在）路上的商店特别有意思"。外国学习者经常把做定语的介词短语放在中心语的后边，造成错序偏误，同时遗漏结构助词"的"。比如：

（1）a. *大家的意见针对班长特别多。

　　　b. 大家针对班长的意见特别多。

　　在例（1a）中，修饰"意见"的介词短语"针对班长"语序错误，造成"大家的意见针对班长""大家的意见特别多"这两个小句杂糅。再如：

（2）a. *这本新书关于鲁迅很有趣。

　　　b. 这本关于鲁迅的新书很有趣。

在例（2a）中，修饰"书"的定语"关于鲁迅"同样被后置了，导致句式杂糅。介词短语"关于鲁迅"要挪到中心语"书"的前面，同时还要注意多项定语的顺序。再如：

（3）a. *中国人有习惯给家人朋友送月饼。

　　　b. 中国人有<u>给家人朋友送月饼</u>的习惯。

在例（3a）中，介词短语做状语的状中短语"给家人朋友送月饼"充当定语，应该位于中心语"习惯"的前面。因为定中颠倒，该句杂糅了"中国人有习惯""中国人给家人朋友送月饼"这两个小句。再如：

（4）a. *这段旅程通往西藏即将开始。

　　　b. 这段<u>通往西藏</u>的旅程即将开始。

在例（4a）中，做定语的介词短语"通往西藏"同样要挪到被修饰的中心语"旅程"的前面，以避免杂糅。

外国学习者学习定语的时候，很容易受到母语负迁移的影响。比如，英语的介词短语、从句、分词短语、名词、形容词等都可以做定语修饰名词中心语，定语的位置一般都是后置；而汉语的定语一般都是位于所修饰的名词前面。因此，外国学习者经常出现定中位置颠倒造成的句式杂糅。在教学的时候，教师要注意结合学习者母语的特点，通过对比，让学生发现中外语言中定语前后位置的不同；要特别强调汉语中定语的位置一定是在被修饰的名词前面，而且提醒学生不能过于依赖汉语和母语的对译。

73. "去年我和王经理在上海共同开设了制造袋泡茶的公司叫上海香远公司了"错在哪里了？

首先，标题中这句话句末的"了"使用错误。句中的第一个"了"跟在动词"开设"后面，表示事情完成；句末的"了"在这里既不是动态助词，也非语气助词，是多余的，应该删去。其次，中心语"公司"前缺少表示数量的定语成分，可以加上数量短语"一家"。

此外，这句话在结构上也存在明显的问题。句子叙述的主题是"公司"，却杂糅了两个句子，分别是"去年我和王经理在上海共同开设了一家制造袋泡茶的公司"和"公司叫上海香远公司"，前一句的宾语"公司"同时又充当了后一句的主语。我们可以将标题中的这句话做拆分，修改成"去年我和王经理在上海共同开设了制造袋泡茶的公司，这家公司叫上海香远公司"；但是考虑到汉语的经济性原则，为避免累赘和重复，我们可以将第二次出现的"公司"省略，将后半句的内容作为中心语"公司"的定语往前移，同时后面要加结构助词"的"，修改成"去年我和王经理在上海共同开设了一家名叫上海香远的制造袋泡茶的公司"。

英语中经常使用从句连接代词（比如which、who、that），将其放在被修饰的名词之后，表示从属关系；但是在汉语中，定语从句一般都是前置的，而且也没有连接代词。因此，受到母语负迁移的影响，母语为英语的汉语学习者经常会出现将前句的动词宾语杂糅成后句的主语，或者省略第二句主语的情况。比如：

（1）a. *我认识了一位新朋友经常夸奖我。

　　b. 我认识了<u>一位经常夸奖我的新朋友</u>。

例（1a）杂糅了"我认识了一位新朋友""朋友经常夸奖我"这两个小句。在英语中，这两个小句会通过代词"who"连接；但汉语中没有连接代词，于是"朋友"既是前半句"我认识了"的宾语，同时也是后半句"经常夸奖我"的主语。我们应将定语从句移到名词"朋友"前，其后再加上结构助词"的"，如例（1b）。

（2）a. *这是小偷儿偷走我手机。

　　b. 这是<u>偷走我手机的小偷儿</u>。

例（2a）显然是英语"This is the thief who stole my phone."的直译，是"这是小偷儿"和"小偷儿偷走我手机"两个句子的杂糅，"小偷儿"既是前半句的宾语，也是"偷走我手机"的逻辑主语。我们应该将动宾短语"偷走我手机"前移，其后加上结构助词"的"修饰中心语"小偷儿"。

（3）a. *我的老师告诉我应该买一本参考书可以帮助我学习汉语。

　　b. 我的老师告诉我应该买<u>一本可以帮助我学习汉语的参考书</u>。

例（3a）也杂糅了两个句子，分别是"我的老师告诉我应该买一本参考书"和"书可以帮助我学习汉语"。在英语中，这两个小句可以通过"that、which"

连接；而在汉语中，我们应该将"可以帮助我学习汉语"作为定语从句前移到中心语"参考书"前，同时后面加上结构助词"的"。

在汉语中，单个的名词、代词、形容词做定语比较容易掌握，但各种短语做定语比较复杂，掌握起来也更困难。像上述的杂糅偏误，很多时候是汉语学习者错误地省略了第二句话的主语导致的。

遇到比较复杂的定语从句，教师首先要提醒学生找准句子的主语和宾语，然后再去找对应的定语成分，摆正定语从句的位置，同时不能忘记结构助词"的"。

74. "我买了一本书和杂志"错在哪里了？

在"我买了一本书和杂志"中，宾语"一本书和杂志"是一个联合短语，构成该联合短语的两项成分"一本书"和"杂志"语法地位不平等，也就是说，它们的语法结构不相同。该句应改为"我买了一本书和一本杂志"。请看以下分析：

（1）*我买了一本书和杂志。（定中短语＋名词）

（2）我买了一本书和一本杂志。（定中短语＋定中短语）

例（1）之所以出现语法偏误，与联合短语的结构特点有关。联合短语需要由语法地位平等的两项或几项构成，联合短语各项之间形成联合关系。联合关系又可细分为并列、递进、选择等关系。比如：

（3）今天和明天（名词＋名词，并列关系）

（4）柴、米、油、盐（名词＋名词＋名词＋名词，并列关系）

（5）辱骂和恐吓（动词＋动词，并列关系）

（6）讨论并且通过（动词＋动词，递进关系）

（7）伟大而质朴（形容词＋形容词，并列关系）

（8）小张或者你（名词＋代词，选择关系）

（9）一个或两个（数量短语＋数量短语，选择关系）

（10）诗人的语言和哲人的教诲（定中短语＋定中短语，并列关系）

黄伯荣、廖序东（2011）在"联合短语"的定义中强调，联合短语构成成分的结构特点为"各项的语法地位平等"。一般来说，联合短语的各项构成成分要具有相同的语法属性。就词层面来说，联合短语不但要求各构成成分都是词，而且要求它们的词性相同，如例（3）的"名词＋名词"、例（4）的"名词＋名词＋名词＋名词"、例（5）和例（6）的"动词＋动词"、例（7）的"形容词＋形容词"。词层面存在一种特殊情况，就是名词与代词的组合，如例（8）的"名词＋代词"。因为代词所指代的成分是人或物，与名词在本质上指代的成分相同，所以两项成分在语法地位上仍可以视为是平等的。就短语层面来说，联合短语要求各构成成分都是同类的短语，如例（9）的"数量短语＋数量短语"和例（10）的"定中短语＋定中短语"。

我们可以按照联合短语内部的结构成分，把联合短语分成如下几种形式：

1. 名词／名词性短语＋名词／名词性短语

（11）教师和学生　我们或你们　三个教师和五个学生　北京、上海和天津

2. 动词／动词性短语＋动词／动词性短语

（12）又说又笑　边走边看　讨论并且通过　吃、穿、用

　　　共同学习并且合作研究　参观校园和做学术报告　看得懂和听得懂

3. 形容词／形容词性短语＋形容词／形容词性短语

（13）聪明伶俐　年轻而且要强　伟大而质朴　美观、便宜、耐用、实惠

　　　好得很和差得很　十分优秀、优秀和比较优秀

结合上面的分析，我们再看句子"我买了一本书和杂志"。其中，宾语"一本书和杂志"是一个不符合语法规则的联合短语。"一本书"是一个数量短语做定语的定中短语，而"杂志"是一个名词，这个联合短语的内部结构是"定中短语＋名词"，构成该联合短语的成分不是一个层级上的。由于联合短语中各项构成成分的语法地位一般是平等的，所以我们不能随意地把相同的数量成分省去。

75. "县、省、乡的领导都到了"错在哪里了？

"县、省、乡的领导都到了"错在主语中的定语"县、省、乡"这一联合短

语的各项构成成分排列不当，应改为"省、县、乡的领导都到了"。联合短语做定语，也就是表并列关系的多项成分在结构上有三个特点：

①构成成分包含两项及以上；

②各构成成分之间地位平等，没有主次之分；

③各构成成分一般是同类性质的成分。

结合以上特点，我们再来看这个句子：

（1）*县、省、乡的领导都到了。

例（1）主语中的定语"县、省、乡"符合联合短语的结构特点和语法规则：构成成分包含三项；各构成成分都是名词，语法地位平等，没有主次之分；各构成成分都是行政区划单位，语义类别相同，属于同类性质的成分。但它们在社会文化中的地位并不平等，它们之间的关系应该是：省 > 县 > 乡。其实，当外国学习者了解了中国的行政单位层级之后，他们便不会再出现这类偏误。

汉语中还有很多类似的序列名词在教学中值得关注。比如：

（2）村主任、镇长、县长、省长

（3）助教、讲师、副教授、教授

（4）儿童、少年、青年、中年、老年

（5）班长、排长、连长、营长、团长、师长、军长

（6）小孩子、年轻人、中年人、老年人

（7）小学、初中、高中、大学

但并非所有充当并列式定语的名词，它们之间的顺序都容易习得，有些不进行专门教学很容易出错，下面就此问题展开讨论。

从理论上说，表并列关系的多项成分之间没有主次之分，其顺序应该是自由的。比如：

（8）学校和工厂　北上广深　笔墨纸砚

（9）多快好省　比学赶帮超　红橙黄绿蓝靛紫

实际上，表并列关系的多项成分常常要受到习惯、认知规律、语用等因素的影响，不能自由地排列。比如：

（10）男女老少的问题都要兼顾。（从男到女，从老到少）

（11）<u>亲人、朋友和邻居的意见</u>她都听不进去。（从亲到疏）

（12）<u>教学科研工作</u>都不能放松。（从主到次）

（13）你要做出一份<u>调查研究计划</u>。（按时间先后）

（14）她向我们介绍了<u>发展壮大</u>的历史。（按事物的发展规律）

就中国行政区划来说，各级单位从大到小通常是按照"省＞市＞县＞区＞乡＞镇＞村"排列的。当以联合短语的形式表达处于并列关系的各级行政区划单位时，各级行政区划单位的排列要受到习惯、认知规律和语用等因素的规约，不是自由的。表达多个行政区划单位时一般是由大到小说，这在中国人书写或口头表达地址时体现得非常明显。比如：

（15）华山地址：陕西省渭南市华阴市集灵路中段

（16）太湖地址：江苏省苏州市吴中区

由于中国行政区划单位的排序情况是"省＞县＞乡"，所以"县、省、乡的领导都到了"这个句子错在句中各项构成成分的排序不符合认知规则。在三项构成成分中，"乡"是最小的行政区划单位，应放在较大的"省"和"县"的后边。

在汉语中，这些现象没有固定的语法规则可以遵循，需要结合中国社会文化去理解。外国学习者由于还未养成汉语母语者的认知习惯，容易产生类似的偏误。在遇到这类语言现象时，教师应该向学生逐一解释汉语母语者的认知习惯，并帮助学生进行重复记忆，日积月累，最终熟悉运用。

76. "这不过是大狗小狗饿狗之间的特别有趣的争斗"错在哪里了？

在这句话中，联合短语"大狗小狗饿狗"的各项构成成分虽然语法地位平等，即它们都是定中短语；但是各构成成分中的定语"大、小、饿"却不具备相同的语义属性，这是表述角度（或维度）的不同造成的。其中，"大、小"是从"狗"的体型角度来说的，"饿"则是从"狗"的感受角度来说的，定语"大、小、饿"的语义类别并不一致，所以不能构成合乎语法意义和规则的联合短语。

这个句子应改为：

（1）这不过是大狗小狗之间特别有趣的争斗。

联合短语不仅对各项构成成分的语法性质有要求，而且对各项构成成分的语义类别也有一定的要求。在联合短语中，语法地位相同的各项要求所表达的语义类别也是一样的。如果其中一项指身份，那么另一项通常也指身份，如"工人和农民、学生和老师、司机和乘客、老板和员工、服务员和顾客"等；如果其中一项指颜色，那么另一项或其他几项也指颜色，如"红的绿的、红橙黄绿蓝靛紫"等。

当联合短语的各项构成成分语义类别不同时，搭配是不能成立的。比如：

（2）*花香鸟语，敌退我追（环境＋策略）

（3）*连长张祖德和麦当劳的冰激凌（人＋零食）

（4）*最高和我爸爸（排名＋人）

（5）*吃饱奶奶（结果＋人）

（6）*屋外茉莉花茶（方位＋饮料）

（7）*高大、勇猛、年富力强（特点＋特点＋成语）

其中，例（3）"连长张祖德和麦当劳的冰激凌"在特定语境下是可以成立的，但这时构成联合短语的两项也必然被解读为同一种语义类别。比如，"在小明的心中，他最喜欢的是连长王祖德和麦当劳的冰激凌"，在该语境下，联合短语的两项构成成分属于同一语义类别，这种说法是成立的，但这种特殊情况一般不适用于对外汉语教学。

外国学习者在习得联合短语时如果没有掌握"联合短语各构成成分一般是同类语义属性的"这一特点，就容易产生误用偏误。在教学时，教师应着重向学生强调联合短语的结构特点，可以通过格式化的方式进行总结，以避免学生误用。

第三部分　怎样处理教学中的定语问题

77.《国际中文教育中文水平等级标准》中与定语相关的知识点有哪些？

定语作为一种基本句法成分，是教学的重点。以往的语法教学大纲中关于定语的知识点或多或少，总体来说不是很详细。2021年发布的《国际中文教育中文水平等级标准》中共有572个语法知识点，其中初等210个（包含一级语法点48个、二级语法点81个、三级语法点81个）、中等214个（包含四级语法点76个、五级语法点71个、六级语法点67个）、高等148个（七～九级语法点共148个）。在这572个语法点中，与定语相关的只出现在"句子成分"这部分，共有3处，占比约为5‰，内容只涉及可以充当定语的词语和多项定语的语序两大方面。但实际上，我们不能只看这些，一些与定语关系密切的知识点是讨论定语时绕不开的，比如结构助词"的"和"之"、偏正短语中的定中短语、名量词等，这样扩大来看，《国际中文教育中文水平等级标准》中涉及定语的知识点有17个，具体如下：

一、初等

（一）一级语法点

1. 词类中的助词"的"
2. 词类中的名量词：杯、本、个、家、间、口、块、页

两杯牛奶　三本书　四个学生　五家商店　六间房子　三口人　七块面包

3.句子成分中的定语：名词性词语、形容词性词语、数量短语做定语

中文书　新书包　干净的房间　两本书

（二）二级语法点

1.词类中的名量词：层、封、件、条、位

两层楼　一封信　一件衣服　一条河　一位老师

2.短语中的结构类型：偏正短语

新衣服　学校的图书馆

3.短语中的功能类型：名词性短语

新书　我的衣服　中文水平　一条河　两本　这件

（三）三级语法点

1.名量词：把、行、架、群、束、双、台、张、支、只、种

一把椅子　两行汉字　一架飞机　一群学生　两束花　一双球鞋　两台电脑

一张桌子　一支笔　三只鸡　两种颜色

2.句子成分中的定语：动词或动词性短语、主谓短语做定语

跳舞的女孩儿　观看演出的观众　小白讲的故事

二、中等

（一）四级语法点

1.名量词：打、袋、根、卷、棵、批

一打啤酒　一袋米　一根头发　一卷纸　一棵树　一批学生

2.借用量词中的名量词：碗、脸、手、屋子、桌子

一碗汤　一脸水　一手油　一屋子人　一桌子书

3.句子成分中的多项定语

一条漂亮的红围巾　那两件白色长衬衫　那位戴着眼镜的白头发高个子老人

（二）五级语法点

名量词：册、朵、幅、届、颗、匹、扇

一册书　一朵花　一幅画　一届学生　一颗糖　一匹布　一扇窗户

（三）六级语法点

1.名量词：餐、串、滴、副、股、集、枝

一餐饭　一串葡萄　一滴水　一副球拍　一股力量　一集电视剧　一枝花

2.短语中的结构类型：数词＋形容词＋量词

一大杯茶　一长串葡萄　一小份米饭

三、高等

七～九级语法点

1.名量词：栋、粒、枚、则、盏

四栋楼　三粒药　五枚硬币　一则新闻　一盏灯

2.结构助词"之"

一本梦之书　所爱之人

3.短语中的结构类型：数词＋量词＋抽象事物

一身本领　一团和气

78. 教学中需要关注哪些定语问题?

关于定语的教学难点，一是结构助词"的"的隐现问题，二是多项定语的语序，这在学界早已形成共识。从理论上讲，在与定语相关的因素中，凡是影响汉语正确表达的，都是需要在教学中关注的。我们大致梳理了一下定语教学中涉及的知识点，具体如下：

1.可以充当定语的词语类别

在可以充当定语的词类中，比较常见的是名词、代词、形容词；动词、数词充当定语时，需要有特定的条件，教师讲解时需要进行说明；拟声词有时也可以充当定语，但这类情况较少。比如：

（1）刚走进大厅，我就听到她哈哈的笑声。

（2）那边站着一群叽叽喳喳的姑娘。

在汉语中，各种类型的短语都可以充当定语。

2.定语与中心语的关系

这部分主要涉及定语的功能类型。定语的功能类型包括限定性和描写性两大类，这两大类还可再细分为表示领属、时间、处所、数量、质料、范围、性质、用途、状态等的。

3.定语的位置

在汉语中，定语是位于中心语之前的，这在世界语言中较为特殊，是外国学习者学习汉语时易出问题的地方，需要重视。除此之外，定语的前置与后置现象较为复杂，不过这类语言现象一般只出现在文学语言中。

4."的"的隐现

结构助词"的"是定语的标志，教学时教师重点要让学生明确"的"必须出现的情况，以及"的"一定不能出现的情况。

5.多项定语的语序

这部分重点讲二项递加式定语，主要从定语的不同功能、语义类型的角度进行讲解。

6.主语中的定语对所在句子谓语的制约

（3）这个从来没有哭过的汉子，哭了。

（4）一向反对浪费的他，今天竟然破天荒去五星级宾馆入住了。

7.动词对宾语中的定语的制约

（5）*盛碗里鱼→盛碗里两条鱼

（6）*打破玻璃→打破两块玻璃

（7）*吃了苹果→吃了一个苹果

（8）*用了时间→用了一个月的时间

79. 定语的总教学策略是什么?

　　外国学习者在学习汉语时，不可避免地会受到母语的影响，再加上大多数学习者都具有了一定的认知基础，因此定语的教学不仅要有针对性，还要考虑学习者已有的认知基础。

　　在初级阶段，学生在课堂上接触到的都是一些较为简单的定语。教师在学生刚接触定语时就要着重强调定语的位置。以英语为例，在英语中，定语可以放在中心语之前，也可以放在中心语之后，所以母语为英语的学生容易误将定语后置。教师可以通过有针对性的练习，让学生明确汉语中定语的位置。当然，英语中也有定语前置的情况，教师也可以通过汉英对比的方法，在学生已有的认知基础上引入汉语定语的知识。比如，教师可以将英语中的人称代词所有格或"'s"的概念与汉语中的定语相比较。

　　My book→我的书

　　Mary's home→玛丽的家

　　先将学生认知中已有的概念与汉语中的定语进行匹配，有利于学生快速掌握定语。在实际的教学中，班级里可能有来自不同国家的学生，教师对他们的语言不可能都了解。在这种情况下，我们可以用目的语进行教学。教师可以多给学生展示一些固定的结构，引导他们掌握"定语＋中心语（名词）"的搭配，并着重强调定语的位置以及中心语的词性；可以不讲解"定语"的概念，但应鼓励学生多用定语对一些事物进行限定或描写。比如：

　　师：这是什么？（出示花朵的图片）

　　生：这是花。

　　师：它们是什么颜色的？

　　生：红色。

　　师：我们可以说"红色的花"。

　　师：这是什么？（指桌子）

　　生：这是桌子。

师：它是什么颜色的？

生：黄色。

师：我们可以说"黄色的桌子"。

在初级阶段，教师可以有意锻炼学生使用修饰语的能力，比如在教学中多用"什么样的、谁的"等提问方式引导学生对事物进行进一步的说明。学生说错的句子，教师要及时给予纠正。

中高级阶段的定语教学，教师可以先出示一些定中短语（与多项定语的排列次序结合），引导学生发现并总结规律。在学生发现规律的基础上，教师可以进行适当的拓展。

定语的教学要由单到多、由易到难，应该让学生先明白"定语 + 中心语"的结构，再进行多种多样的练习，练习的形式如定语填空、定语替换、中心语替换、添加或删除"的"、多项定语排序等。

80. 怎样教限定性定语？

限定性定语是对中心语所指代事物的范围加以限定，使中心语事物能与同类的事物区别开。一般来说，限定性定语多由名词性词语、动词性词语以及区别词充当，表示人或事物的领有者、时间、处所、环境、范围、数量等。这类定语的作用是区别，一般回答"哪一种"或"哪一类"的问题。

教师在教学中首先要让学生理解限定性定语的区别功能，可以先举一些简单的例子，让学生对这类定语有一个整体的感知。比如：

书→我的书

书→三本书

书→故事书

书→书包里的书

有了整体感知之后，教师可以通过图片、视频等教学手段引导学生替换所举例子中的中心语。比如：

我的书→我的朋友

书包里的书→书包里的文具

完成替换中心语的练习之后，教师可以引导学生替换中心语前的限定性修饰语。教师可以先指定一个中心语，然后引导学生使用限定性修饰语进行限定。比如：

师：大家猜猜他来自哪个国家。（出示某个明星的照片）

生：中国。

师：对了，我们可以说"他是中国人"。

师：人们在哪里？（出示人们在不同场所的图片）

生：人们在教室里。

师：对，我们可以说"教室里的人"。

示范过后，教师可以引导学生进行分组活动，即先让组内的一个学生指定一个中心语，组内其他学生用不同的限定性修饰语进行限定，然后全班交流。教师适时总结一下限定性定语的作用，鼓励学生在表达时多用限定性定语，以增加语言的准确性和严密性。

在课堂上，教师可以先给学生一些范例去模仿，从短语到句子，循序渐进；课后，教师可以布置一些有针对性的练习，帮助学生加深对此类定语的认识。

81. 怎样教描写性定语？

描写性定语是对中心语所指代的事物本身加以描写或形容，突出其本来就有的某一特性。一般来说，描写性定语多由形容词性词语充当，说明人或事物的性质、状态、特点、用途、质料等。这类定语主要着眼于所描写的事物本身，回答"什么样"的问题。

描写性定语的使用可使语言表达更加生动、形象，因此教师在教学时可以选择图片法，即先展示图片，然后引导学生去观察事物的具体特征。在具体的教学过程中，教师可以先示范，比如：

师：这是麦田，是什么颜色的？（出示麦田的图片）

生：绿色。

师：我们可以说"绿色的麦田"。

再出示一些其他的图片，如"红色的花朵、蓝色的天空"等。这类定语着重描写事物本身的特征，因此教师可以选择一些特征突出的事物作为范例，引导学生进行描述。

在练习环节，教师可以让学生围绕着"人的特点"介绍自己或者朋友；也可以先给出一个简单的句子，让学生对句子进行扩充。比如：

师：他是个男生。他是个什么样的男生呢？（出示一个人的照片）

生：他是一个英俊的男生。

生：他是一个高个子的男生。

生：他是一个黄头发的男生。

……

由于描写性定语凸显的是事物本身的特征，因此教师在教学中可以多利用图片进行练习，让学生对事物本身的特征有更好的把握。

82. 怎样让学生避免"的"的误加或遗漏？

结构助词"的"是定语的标志，定语后"的"的使用有三种情况：必须用"的"、不能用"的"、可用可不用"的"。关于"的"的教学，难点在于讲清楚"的"必须出现和不能出现的情况，因此教师首先需要明确哪些情况下必须用"的"，哪些情况下一定不能用"的"。

定语的教学通常分布在各个阶段，教师可以根据教材中定语出现的先后顺序安排教学。比如教材中先出现了双音节形容词做定语这一语法点，那么教师在教学时就可以展示一些双音节形容词做定语加"的"的例子；如果教材中先出现了数量词做定语这一语法点，那么教师在教学时就可以展示数量词做定语后面不加"的"的例子。

对于初级阶段的学习者，教师可以先举例说明必须加"的"的情况，引导学生发现规律。下面以动词结构做定语为例进行说明，具体分三个步骤。

（一）语言点解析

动词或动词性短语做定语时，定语和中心语之间一般要用"的"。如果不用"的"，前边的动词或动词性短语就有可能和后面的名词中心语构成动宾关系，这样整个定中短语的结构和意义就不同了。教师可以将动词或动词性短语做定语的结构格式化为：

动词 / 动词性短语 ＋ 的 ＋ 中心语

（二）语言点导入

教师可以通过提问的方式导入该语言点。比如：

师：这是谁买的书？

生：这是我买的书。

师：这是在哪儿买的书？

生：这是在书店买的书。

师：和你一起照相的人是谁？

生：和我一起照相的人是我朋友。

（三）语言点操练

教师可以通过大声朗读目标句的方式，强化学生对"动词 / 动词性短语 ＋ 的 ＋ 中心语"这一定中结构的记忆。比如：

昨天买的苹果很便宜。

和你说话的那个人是谁？

你写的汉字真漂亮！

你找的那件衣服在外边呢。

教师还可以通过"连线组句"等扩展性练习，让学生熟悉"动词 / 动词性短语 ＋ 的 ＋ 中心语"这一定中结构在句中做主语的功能。比如：

妈妈做的菜　　　　　　　　是我爸爸。

我昨天买的自行车　　　　　是我大学同学。

左边看报纸的那个人　　　　真好吃！

和你一起唱歌的女孩儿　　　是白色的。

中高级阶段的学习者掌握了较多的汉语语法知识，学习中也遇到过定语后必须加"的"的情况，因此教师可以对学习者遇到过的定语后必须加"的"的情况进行总结与复习，并适当拓展，比如向学习者强调加"的"有强调描写或者改变定语性质的作用，在此基础上再进行有针对性的练习。

由于必须出现"的"和不能出现"的"的情况存在对立，因此教师在教学中采用对比的练习方法较为适合。以下练习方式供参考：

1. 列出必须出现"的"和不能出现"的"的例子，让学生分别说一说定语的语义类别和语法类别

这种对比可以用表格的形式呈现，如表82-1：

表82-1　必须出现"的"和不能出现"的"的举例

类型	例子
必须出现"的"	王芳的电脑、老师的书包、他的礼物、里面的客人、桌子上的书、热闹的商场、很热的天气、大大的眼睛、买的文具、好喝的茶
不能出现"的"	好茶、小事、大眼睛、好朋友、金项链、很多人、第一名、初级水平、汉语老师、丝绸衬衫、一部小说、那家银行、哪种样式

2. 填空

将各类定语与相应的中心语之间留一个空儿，让学生自己判断定语和中心语之间需不需要填写"的"。比如：

老师（　　　）眼镜　　他（　　　）课本　　里面（　　　）客人

热闹（　　　）商场　　很热（　　　）天气　　大大（　　　）眼睛

小（　　　）事　　　　金（　　　）项链　　很多（　　　）人

第一（　　　）名　　　汉语（　　　）老师　　一部（　　　）小说

那家（　　　）银行　　哪种（　　　）样式　　桌子上（　　　）书

83. 多项定语的教学可以怎样开展？

进行多项定语的教学，教师首先要了解多项定语的排列顺序及其规律，这必然涉及多项定语的类型。根据定语之间的地位是否平等，多项定语可分为并列式多项定语、递加式多项定语、并列和递加关系交错的多项定语；另外，根据定语和中心语的紧密程度，多项定语可分为多项黏合式定语和多项组合式定语。

（一）多项定语教学的原则

多项定语的教学，需要坚持以下两条原则：

1. 从简单到复杂

学生最先接触的一般都是最简单的定中结构，如"名词 + 中心语、形容词 + 中心语、数量短语 + 中心语"；在掌握了基本的定中结构后，教师可以根据学生的现有水平讲解多项定语的结构特点及排列顺序。

2. 从一般到特殊

这又可以包括两个方面：①当学生已经掌握了双项定语中不同类型定语的先后顺序后，教师再向学生归纳总结更多项定语的排列顺序，通常最多同时出现三四种①。②当学生掌握了多项定语的一般排列顺序后，教师再向学生讲解由于表达的需要，在一定条件下多项定语的顺序可以调换。比如，"限定性定语 + 数量短语 + 描写性定语"是一般的顺序，但为了表达的需要，有时也可以调整为"限定性定语 + 描写性定语 + 数量短语"。

（二）多项定语的教学技巧

1. 练习设置

多项定语的练习，教师可以采用多种类型的练习方式。比如：

提问：对不同类型的定语采取逐一提问的方式进行练习。

填空：填写合适的词语充当不同类型的定语。

---

① 具体请参看周健主编的《汉语课堂教学技巧 325 例》，商务印书馆 2009 年出版。

选择：从四组多项定语排列中选出正确的一项。

排序：对各类定语进行排列组合。

判断：指出多项定语的排列是否正确。

2.游戏设置

由于多项定语的习得比较困难，教师在教学中可以借助活泼的游戏，帮助学生理解和记忆多项定语的排列顺序。游戏的设置可以从两个角度展开。

第一，如果以中心语为开端进行活动设计，教师可以采用填格子比赛的游戏。活动步骤如下：

a. 教师首先在黑板上画一个表格，并将多项定语的类别按排列顺序填在表格的最上方，如表83-1所示：

表83-1　多项定语的类别及排序

领属	时间	处所	指示	数量	状态	性质	中心语

b. 教师把全班学生分为两组，每组分别在"中心语"一列的格子中写上相同的中心语"本子"。

c. 两组学生轮流派组员到黑板上填格子。每个组员只能在本组一行中选择对应的定语类别填上合适的词语。每组每次只能填一个格子，直到两组都写不出新定语。

d. 教师检查两组写的定语是否正确，写错了不得分。如果两组都写对了，那么多填一个格子则多得一分。

e. 教师换一个词充当中心语，重新开始比赛。教师负责计分，最后积分高的小组获胜。

第二，如果以定语为开端进行活动设计，教师可以采用滚雪球比赛[1]的游戏。活动步骤如下：

a. 教师将全班学生分为两组，然后在黑板的两边分别画一个小小的圆形，里

---

[1]　这一活动参考了王巍、孙淇编著的《国际汉语教师课堂技巧教学手册》，高等教育出版社 2011 年出版。

面写上"我"，代表第一个雪球。

　　b. 两组学生轮流派组员到黑板上"滚雪球"。每个组员在前一个"雪球"的外边画一个更大的圆，用前一个"雪球"里的词语做定语，扩展出一个新短语，如"我→我姐姐→我姐姐买的→我姐姐买的毛料→我姐姐买的毛料大衣"等，如图83-1所示。每组每次只能滚一个"雪球"，直到两组都写不出新定语或中心语。

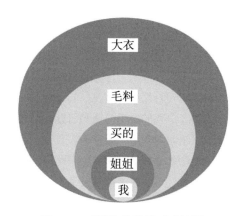

图83-1　"我"的滚雪球式扩展

　　c. 教师检查两组写的短语是否正确，写错了不得分。如果两组都写对了，雪球大一圈则多得一分。

　　d. 教师换一个词充当定语，重新开始比赛。教师负责计分，最后积分高的小组获胜。

参考文献

陈宁萍（1987）现代汉语名词类的扩大——现代汉语动词和名词分界线的考察，《中国语文》第5期。

陈青松（2012）《现代汉语形容词与形名粘合结构》，北京：中国社会科学出版社。

程美珍主编（1997）《汉语病句辨析九百例》，北京：华语教学出版社。

储泽祥（1996）"在"的涵盖义与句首处所前"在"的隐现，《汉语学习》第4期。

崔希亮等（2008）《汉语作为第二语言的习得与认知研究》，北京：北京大学出版社。

崔希亮等（2010）《欧美学生汉语学习和认知研究》，北京：北京大学出版社。

崔应贤等（2002）《现代汉语定语的语序认知研究》，北京：中国社会科学出版社。

丁声树、吕叔湘、李荣等（1961）《现代汉语语法讲话》，北京：商务印书馆。

房玉清（1992）《实用汉语语法》，北京：北京语言学院出版社。

郭振华（2000）《简明汉语语法》，北京：华语教学出版社。

国家对外汉语教学领导小组办公室（2002）《高等学校外国留学生汉语言专业教学大纲》，北京：北京语言文化大学出版社。

国家对外汉语教学领导小组办公室汉语水平考试部（1996）《汉语水平等级标准与语法等级大纲》，北京：高等教育出版社。

韩蕾（2016）汉语事件名词的界定与系统构建，《华东师范大学学报（哲学社会科学版）》第5期。

贺阳（2006）现代汉语DV结构的兴起及发展与印欧语言的影响——现代汉语欧化语法现象研究之一，《中国人民大学学报》第2期。

贺阳（2008）现代汉语欧化语法现象研究，《世界汉语教学》第4期。

贺阳（2013）定语的限制性和描写性及其认知基础，《世界汉语教学》第2期。

侯友兰（1999）定语在句中移位作状语的情况考察，《保定师专学报》第1期。

黄伯荣、廖序东主编（2011）《现代汉语》（增订五版），北京：高等教育出版社。

柯航（2011）汉语单音节定语移位的语义制约，《中国语文》第5期。

孔子学院总部/国家汉办（2014）《国际汉语教学通用课程大纲》（修订版），北京：北京语言大学出版社。

寇鑫、袁毓林（2017）汉语定语小句的类型及其句法表现，《语言教学与研究》第4期。

郎大地（1997）"时候" · 时位 · 多陈述偏正句，《语言研究》第1期。

李大忠（1996）《外国人学汉语语法偏误分析》，北京：北京语言文化大学出版社。

李德津、程美珍（1988）《外国人实用汉语语法》，北京：华语教学出版社。

李芳杰（1983）定语易位问题刍议，《语文研究》第3期。

李宇明（2000）《汉语量范畴研究》，武汉：华中师范大学出版社。

李占炳、范倩倩（2019）"雪白一件衣服"格式探析，《语言教学与研究》第1期。

刘丹青（2008）汉语名词性短语的句法类型特征，《中国语文》第1期。

刘宁生（1995）汉语偏正结构的认知基础及其在语序类型学上的意义，《中国语文》第2期。

刘英林主编（1989）《汉语水平考试研究》，北京：现代出版社。

刘英林主编（1994）《汉语水平考试研究（续集）》，北京：现代出版社。

刘月华、潘文娱、故铧（2001）《实用现代汉语语法》（增订本），北京：商务印书馆。

卢福波（2010）《汉语语法教学理论与方法》，北京：北京大学出版社。

卢福波（2011）《对外汉语教学实用语法》（修订本），北京：北京语言大学出版社。

陆丙甫（1993）《核心推导语法》，上海：上海教育出版社。

陆丙甫（2003）"的"的基本功能和派生功能——从描写性到区别性再到指称性，《世界汉语教学》第1期。

陆俭明（1982）关于定语易位问题，《中国语文》第3期。

陆俭明（1994）同类词连用规则刍议——从方位词"东、南、西、北"两两组合规则谈起，《中国语文》第5期。

吕叔湘（1947）《中国文法要略》，上海：商务印书馆。

吕叔湘（1999）《现代汉语八百词》（增订本），北京：商务印书馆。

吕文华（1994）《对外汉语教学语法探索》，北京：语文出版社。

马真（1997）《简明实用汉语语法教程》，北京：北京大学出版社。

孟琮、郑怀德、孟庆海等（1999）《汉语动词用法词典》，北京：商务印书馆。

莫彭龄、单青（1985）三大类实词句法功能的统计分析，《南京师大学报（社会科学版）》第3期。

潘晓东（1981）浅谈定语的易位现象，《中国语文》第4期。

齐沪扬（2000）《现代汉语短语》，上海：华东师范大学出版社。

齐沪扬主编（2005）《对外汉语教学语法》，上海：复旦大学出版社。

齐沪扬等（2004）《与名词动词相关的短语研究》，北京：北京语言大学出版社。

邵敬敏（1987）从语序的三个平面看定语的移位，《华东师范大学学报（哲学社会科学版）》第4期。

施春宏等（2017）《汉语构式的二语习得研究》，北京：商务印书馆。

孙德金等（2012）《欧美学生汉语语法习得与认知专题研究》，北京：北京大学出版社。

王光全、柳英绿（2006）定中结构中"的"字的隐现规律，《吉林大学社会科学学报》第2期。

王还主编（1994）《对外汉语教学语法大纲》，北京：北京语言学院出版社。

王建勤主编（2006）《汉语作为第二语言的学习者习得过程研究》，北京：商务印书馆。

王力（1943 / 1944）《中国现代语法》（上下册），北京：商务印书馆。

王巍、孙淇（2011）《国际汉语教师课堂技巧教学手册》，北京：高等教育出版社。

温锁林、雒自清（2000）定语的移位，《山西大学学报（哲学社会科学版）》第4期。

吴勇毅、吴中伟、李劲荣主编（2016）《实用汉语教学语法》，北京：北京大学出版社。

肖奚强等（2008）《汉语中介语语法问题研究》，北京：商务印书馆。

杨寄洲主编（1999）《对外汉语教学初级阶段教学大纲（1）》，北京：北京语言文化大学出版社。

杨玉玲（2011）《现代汉语语法答问（下）》，北京：北京大学出版社。

叶盼云、吴中伟（1999）《外国人学汉语难点释疑》，北京：北京语言文化大学出版社。

袁毓林（1999）定语顺序的认知解释及其理论蕴涵，《中国社会科学》第2期。

张宝林（2006）《汉语教学参考语法》，北京：北京大学出版社。

张斌主编（2002）《新编现代汉语》，上海：复旦大学出版社。

张斌主编（2010）《现代汉语描写语法》，北京：商务印书馆。

张静主编（1980）《新编现代汉语》，上海：上海教育出版社。

张敏（1998）《认知语言学与汉语名词短语》，北京：中国社会科学出版社。

张谊生（2000）《现代汉语副词研究》，上海：学林出版社。

赵元任（1979）《汉语口语语法》，吕叔湘译，北京：商务印书馆。

郑怀德、孟庆海（2003）《汉语形容词用法词典》，北京：商务印书馆。

中国社会科学院语言研究所词典编辑室（2016）《现代汉语词典》（第7版），北京：商务印书馆。

中华人民共和国教育部、国家语言文字工作委员会（2021）《国际中文教育中文水平等级标准》，北京：北京语言大学出版社。

钟志平（1995）也谈多项定语的顺序问题——兼述多项定语之间的关系，《赣南师范学院学报》第1期。

周健主编（2009）《汉语课堂教学技巧325例》，北京：商务印书馆。

周小兵主编（2009）《对外汉语教学入门》（第二版），广州：中山大学出版社。

周小兵、朱其智、邓小宁等（2007）《外国人学汉语语法偏误研究》，北京：北京语言大学出版社。

朱德熙（1958）《定语和状语》，上海：上海教育出版社。

朱德熙（1982）《语法讲义》，北京：商务印书馆。

庄文中（1984）多项定语和多项状语，《语文教学通讯》第9期。

后　记

　　无论是在汉语理论语法体系中，还是在教学语法体系中，定语都不是特别重要和特别难的语法点。大概因为如此，以往学者的研究成果相对不是很丰富，所以在建立系统性知识和深入探索方面，本书要做的工作很多。但因为时间紧张，加上客观环境困难以及自己学力有限，可以肯定地说，本书并没有真正做到全面深入，还存在不少缺憾。

　　本书作为我的导师齐沪扬先生主持的国家社科基金重大项目成果之一，从宏观框架到具体细节，都离不开齐老师的悉心指导。齐老师早已过了古稀之年，然而他仍坚持勤恳、踏实做事。众多的书系初稿曾于2022年6月份一并交于齐老师审核，在总结会上，齐老师说："40本成果我都较为详细地翻看了一遍。'翻看'的结果，就是视力大为减退，出现干眼症、飞蚊症。"齐老师刻苦、敬业、追求完美的精神，至今仍是我这位已到知命之年的"老"学生不懈努力的力量源泉。

　　本书在写作过程中遇到了重重困难，但是"众人拾柴火焰高"，我的硕士和博士研究生先后为本书查找文献，比对、整理、撰写资料，他们为此付出了太多努力！他们是史又今、张菲菲、姜希、尤佳玲、翁婷、王宇婷、吴宏辉、李雪、罗宾、王祎凡、牛静静、秦艳艳、黄俊、陈雨晗、方舒、黄嘉文、尹夏燕、王永艳。其中，史又今、张菲菲还参与了本书部分内容的整理和审读工作。可以说，没有他们，这本书是不可能完成的。

　　流水不居，岁月峥嵘。在本书即将付梓之际，所述之中情愫似乎过多了些，牢骚也似乎过多了些，然而，这确实是一段难忘的岁月。

吴春相

2024年8月31日于静一斋